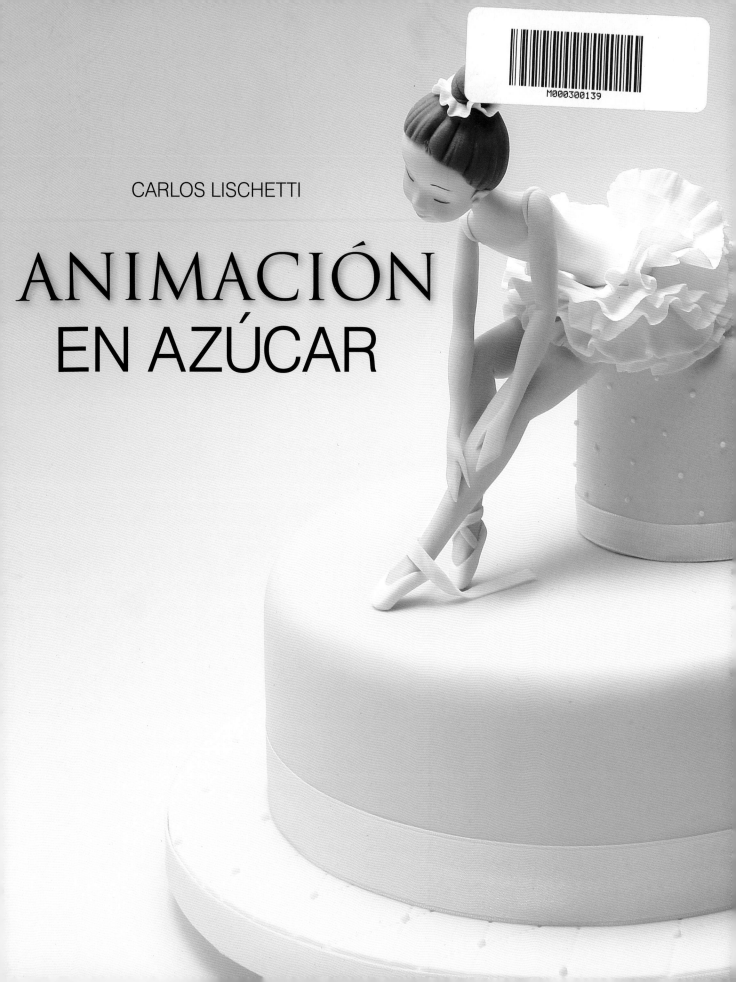

CARLOS LISCHETTI

ANIMACIÓN
EN AZÚCAR

DEDICATORIA

A mis padres, por todo su apoyo incondicional tanto en mis buenos como en mis malos momentos.
A Kella Roffo, quien estará siempre en mis pensamientos y en mi corazón.

Primera edición publicada en inglés en septiembre de 2012 por B. Dutton Publishing Limited.
Derechos de autor: Carlos Lischetti 2012

Lischetti, Carlos
  Animación en azúcar : 14 proyectos de modelado en azúcar para todo tipo de pasteles y celebraciones .
  - 1a ed. - Ciudad Autónoma de Buenos Aires : Boutique de Ideas, 2015.
  192 p. : il. ; 26x21 cm.

  ISBN 978-987-45787-0-9
  1. Repostería. Decoración de pasteles.
  I. Título
    CDD 641.865 3

Fecha de catalogación: 25/02/2015

Edición Especial para Editorial Hiperlibro S.A. de C.V.
Septiembre de 2015.

IMPRESO EN CHINA

AGRADECIMIENTOS

Quisiera agradecer en primer lugar a mis editores y a todo el equipo de Squires Kitchen por su trabajo y entusiasmo para hacer realidad este libro. Mi gratitud va dirigida especialmente a Beverley y Robert Dutton por darme la oportunidad de publicar mi primer libro y por creer en mi trabajo.

He sido muy afortunado de haber podido trabajar con mi hermano Elio. Su dedicación y perfeccionismo, que en ocasiones ha creado confrontaciones, me ha servido al final para alcanzar mis objetivos. Gracias también a mi hermana Mercedes, mi querida Mechi, mi "conejillo de Indias", ya que sus cumpleaños me dieron la oportunidad de poner en práctica mis conocimientos adquiridos. ¡Te quiero hermana! A propósito… ¿Y Mauro?

Agradecer de manera especial a mi abuela Amable, siempre dispuesta a escuchar todas mis novedades y seguir con constante entusiasmo todo lo que hago. Gracias por ayudarme en la cocina en los momentos de apuro cuando tenía que entregar un pastel. ¡Nunca olvidaré el pastel de nuez que solíamos hacer para toda la familia en Máximo Paz! Su forma de cocinar me ha inspirado y ayudado a descubrir mi profesión.

Quiero mencionar también a todos mis primos y tíos, quienes siempre han estado dispuestos a probar un trozo de pastel, incluso cuando sólo quedaban sobras!

Mi más sincero agradecimiento a Adrián, por su infinita paciencia, ayuda incondicional y su inagotable entusiasmo en todo lo que hace. Esto significa mucho para mí.

Siempre recordaré con cariño a Omar de la casa de repostería Gelus, por su apoyo al inicio de mi carrera cuando comenzaba a dar mis primeros pasos en el mundo del modelado de azúcar.

Mi más sincero agradecimiento a Sheila Brown por su invalorable ayuda con las correcciones del texto, especialmente cuando me atoraba con el inglés o cuando debía cumplir con las fechas de entrega.

Me siento afortunado por haber tenido el apoyo tanto de mis amigos de Argentina como de otras partes del mundo, incluyendo mis compañeros de trabajo en Rosario, con quienes compartí momentos inolvidables cuando enseñábamos en distintas escuelas.

Gracias a todas las personas con las que he tenido el placer de trabajar en estos últimos años y que en cierta forma me han ayudado a desarrollar mi carrera. Este agradecimiento es extensible a quienes creyeron en mí y mantuvieron su fe incluso cuando tuvieron que sufrir algunos de mis fallos.

Siempre estaré en deuda con Kella Roffo, con quien compartí nueve maravillosos años trabajando en su pastelería Dulce y Salado en Rosario; es allí donde toda esta historia comenzó. Kella me trató como a un hijo y con ella di mis primeros pasos en el mundo de la repostería.

Finalmente, gracias a mi querida madre, quien con sus "silenciosas" críticas constructivas me ha hecho darme cuenta de mis errores. Y por supuesto, mi enorme gratitud hacia mi padre por estar siempre presente y por darme el regalo de la vida. Los quiero muchísimo.

INTRODUCCIÓN

Después de todos estos años experimentando en la confección de pasteles y creando figuras de azúcar, siento que ha llegado el momento de compartir mis técnicas e ideas con otros expertos, así como con aquellos que se acercan por primera vez al mundo del modelado de azúcar.

Mi intención con este libro es doble: servir de inspiración y proporcionar una fuente de recursos para quienes desean desarrollar sus propias técnicas. Mi deseo es animar y motivar a todas las personas que se propongan crear sus propias figuras.

En este libro trato de presentar y explorar nuevas formas de modelado más allá de las técnicas ya existentes. En el proceso creativo ha estado implicado mi hermano Elio, ilustrador de profesión, con quien he trabajado para desarrollar cada uno de los proyectos. Mi reto ha sido transformar sus bocetos en figuras de azúcar. Además, también he querido descubrir el método más fácil y, lo que considero más importante, buscar la forma más sencilla y con la que más se disfruta para elaborar cada figura. Soy consciente de que, si yo no lograba alcanzar estos objetivos, no valía la pena mostrar dicho trabajo a mis seguidores. Espero haberlo logrado.

En la primera parte del libro se incluyen algunas de mis recetas favoritas que me han acompañado a lo largo de mi trayectoria profesional. Estas son las mismas recetas con las que he crecido y con las que he llevado a cabo mis primeros experimentos en este área de la repostería.

En definitiva, queridos lectores, quiero ofrecerles el libro que a mí me hubiera gustado tener a mano cuando daba mis primeros pasos en la decoración de pasteles. De haber sido así, me hubiera ahorrado mucho tiempo y dolores de cabeza. Sin embargo, los momentos de frustración me han servido para aprender de mis propios errores y poder superarlos.

Aquí les presento mi forma de trabajo, pero recuerden que no es la única. Este libro debe ser tan sólo el paso inicial para descubrir el estilo personal de cada uno en el arte del modelado de azúcar.

Carlos

CONTENIDO

PROYECTOS

Materiales comestibles y utensilios básicos

LISTA DE MATERIALES

Para la mayoría de los proyectos de este libro se utilizan los mismos materiales. Por este motivo se recomienda adquirir todos los utensilios que se especifican en esta lista. Cualquier herramienta de trabajo o producto comestible extra que se necesite, se detalla al comienzo de cada receta o proyecto para asegurar que se tiene todo lo necesario antes de empezar a trabajar. Todos estos artículos están disponibles a través de los proveedores especializados en productos para modelado de azúcar.

Alambre floral (8)

Alisador de pasta (1)

Azúcar glas para espolvorear

Barniz comestible

Bases de unicel (para usar como soporte durante el proceso de armado y secado de la figura)

Bolillos (pequeño, mediano y grande) (17)

Bolita de Maicena para espolvorear (4)

Cucuruchos o mangas de papel desechables (18) (ver página 8)

Cepillo de dientes nuevo (20) (para efectos de pintura, ver página 47)

Colorante vegetal profesional negro/café

Colorante comestible (7)

Cuchillo de hoja lisa (12)

Cuchillo de sierra

Espátulas (recta y quebrada)

Herramienta de modelado para cortar (estique para cortar) (15)

Herramienta de modelado para marcar (estique curvo/Dresden) (6)

Herramienta de modelado con rueda cortadora (5)

Juego de cortadores redondos lisos (14)

Margarina (21)

Palillos de madera (3)

Papel encerado

Palitos para brocheta (22)

Pegamento comestible (2)

Pegamento de barra no tóxico

Pinceles finos y gruesos (11)

Pinzas para cortar alambre (13)

Regla

Rodillos (pequeño y grande) (16)

Marcador de tinta comestible

Tabla antiadherente (10)

Tapete antideslizante (9)

Tijeras pequeñas (19)

Tiras de plástico

CÓMO HACER UNA BOLITA DE MAICENA PARA ESPOLVOREAR

Es muy útil tener siempre a mano una bolita de Maicena para espolvorear la superficie de trabajo cuando tenemos que extender el pastillaje como la pasta para modelar o para realizar flores. También se puede utilizar para mantener nuestras manos secas cuando estamos modelando. Sin embargo, cuando se está trabajando con mazapán o pasta de azúcar para cubrir un pastel, es conveniente utilizar azúcar glas en lugar de Maicena (ver páginas 34-36).

Materiales comestibles
1cda de Maicena

Utensilios
Gasa

Liga

1 Cortar la gasa en dos cuadrados y colocarlos uno encima del otro. Echar una cucharada de Maicena en el centro.

2 Juntar las cuatro esquinas para cerrar la bolita y asegurar con una liga.

CÓMO HACER UN CUCURUCHO O MANGA DE PAPEL

Los cucuruchos de papel son muy útiles para decorar con cantidades pequeñas de glaseado real. Es una buena técnica para unir piezas de pastillaje cuando están secas, para elaborar detalles, como el pelo de las figuras o rellenar pequeños huecos como las cavidades de los ojos.

Materiales comestibles

Glaseado real (ver página 27)

Utensilios

Papel encerado para hornear

Tijeras

Boquilla (opcional)

1 Recortar el papel en forma de triángulo y doblarlo por la mitad para marcar el centro del lado más largo.

2 Llevar uno de los lados al centro para formar un cono. Asegurarse de que la punta del cono coincide con el centro del lado más largo.

3 Sujetar este lado con una mano mientras se repite la acción con el otro extremo hasta completar el cono.

4 Asegurarse de que las puntas del triángulo quedan en la parte de atrás del cono.

5 Doblar las puntas dos veces para que el cucurucho mantenga su forma de cono. Si se usa una boquilla, cortar la punta del papel para introducirla en el cucurucho. A continuación, rellenar hasta la mitad con glaseado real y apretar hasta que llegue a la punta. Por último, doblar la parte de arriba para dejar la manga lista para su uso.

RECETAS

PASTEL DE MANTEQUILLA "VICTORIA"

Existen muchas recetas que me gustan para preparar pasteles de mantequilla. Puedes elegir entre utilizar tu propia receta o probar la clásica "Victoria". Yo lo utilizo con frecuencia porque su firmeza y su consistencia esponjosa lo hacen perfecto para ser cubierto con mazapán o pasta de azúcar (ver páginas 34-38). Ésta es la receta básica para prepararlo con sabor vainilla, aunque puede ser sustituido por otros: chocolate, limón, naranja o nueces (ver nota sobre variaciones en la página siguiente).

Ingredientes

200g de mantequilla acremada

1cdta de esencia de vainilla

200g de azúcar glas o azúcar común (prefiero utilizar azúcar glas porque da una textura más fina al pan)

200g de huevos (equivalente a 4 huevos medianos)

200g de harina con levadura

Utensilios

3 moldes de pastel redondos (poco profundos) de 15cm de diámetro

Papel encerado para horno

Batidora con accesorio de pala

Espátula de plástico

Colador

Rejilla

Plástico autoadherible

1 Untar con mantequilla y espolvorear con harina tres moldes de pastel de 15cm de diámetro. Si los moldes no se han utilizado previamente, cubrir el fondo con papel encerado. Precalentar el horno a 170–180°C.

2 Batir la mantequilla, la esencia de vainilla y el azúcar con la batidora eléctrica utilizando el accesorio de pala hasta conseguir un batido suave y de consistencia ligera. Raspar los lados y el fondo del recipiente con una espátula para asegurarse de que no quedan restos de mantequilla sin mezclar.

3 Añadir los huevos uno por uno, mezclando bien después de cada adición. (No hay que preocuparse si la mezcla no es homogenea al principio. Esto es normal debido a que la mantequilla no se emulsiona bien con el agua que contienen los huevos.)

4 Incorporar la harina cernida, es decir pasada por un colador, en dos partes e integrar al batido de mantequilla con una Espátula de plástico.

5 Raspar los lados y el fondo del recipiente con la espátula para cerciorarse de que todos los ingredientes están bien mezclados y no hay restos de harina.

6 Repartir la mezcla en los tres moldes y extender uniformemente. Colocar los moldes en la parte central del horno y cocinar aproximadamente durante 20 minutos. El bizcocho estará listo cuando su parte superior se haya dorado ligeramente. Para asegurarse, introducir un palillo de madera, si el bizcocho está listo, el palillo saldrá limpio y sin restos de masa. Otra manera de comprobarlo es presionar cuidadosamente con la yema de los dedos en el centro del bizcocho: si está listo tendrá una textura esponjosa y recuperará su forma original. Si la superficie está poco firme, dejar en el horno algunos minutos más.

7 Una vez horneados, desmoldar los discos de pastel y dejarlos enfriar sobre la rejilla.

8 Cuando los discos de pastel se hayan enfriado, envolverlos en plástico autoadherible hasta el momento de utilizarlos para evitar que se sequen.

Pasteles de sabores

Chocolate: sustituir 50g de harina con 50g de cocoa en polvo de buena calidad.

Limón o naranja: añadir la ralladura de un limón o una naranja al batir la mantequilla con el azúcar.

Nuez: añadir 80g de nueces molidas, finamente picadas, a la harina e incorporar a la mezcla.

CONSEJOS

Los huevos deben estar a temperatura ambiente y la mantequilla acremada (no derretida). Si vives en un lugar cálido, deja la mantequilla en el refrigerador hasta que la necesites.

Personalmente prefiero dividir y hornear la mezcla en dos o tres moldes, de esta manera los bizcochos quedan más uniformes y el migajón más ligero. Cuando se llena el molde demasiado, el migajón se vuelve más compacto y pesado.

Bate siempre la mantequilla con la esencia de vainilla o con la ralladura de algún cítrico para optimizar el sabor del bizcocho.

TABLA DE CANTIDADES

Las siguientes tablas pueden utilizarse como referencia para elaborar pasteles de diferentes tamaños tomando como base la receta del pastel de mantequilla. La primera, especifica la cantidad total de la mezcla necesaria para dividirla en tres partes antes de ser horneada de acuerdo con el diámetro necesario. La cantidad dependerá del grosor de cada capa. Por su parte, la segunda tabla muestra las cantidades utilizadas para cada uno de los proyectos que aparecen en este libro.

Tamaño del molde (redondo o cuadrado)	Cantidad de mezcla para 3 capas	Múltiplo de la receta
3 x 10cm	400g	½
3 x 15cm	800g	1
3 x 20cm	1.2kg	1½
3 x 22cm	1.6kg	2

Proyecto	Forma del molde	Cantidad de la mezcla	Múltiplo de la receta
Bailarina	3 moldes redondos de 20cm de diámetro	1.2kg	1½
Bebé	3 moldes redondos de 15cm de diámetro	800g	1
Reina de Corazones	Molde para la falda de 20cm de diámetro x 14cm de alto	1.2kg	1½
Robot	3 moldes redondos de 15cm de diámetro	800g	1
Flora, el Hada del Bosque	Ver receta de bizcocho ligero en la página 12		
En busca de comida	2 moldes rectangulares de 35cm x 25cm	2.4kg	3
A la moda	Utilizar la tabla de arriba para hacer el pastel del tamaño que se quiera		
Coche de juguete	2 moldes rectangulares de 15cm x 20cm	1.6kg	2
La cocina de la Abuela	Molde para la falda de 9cm de diámetro x 11cm de alto	400g	½
En otra época	3 moldes redondos de 20cm de diámetro	1.2kg	1½
Moulin Rouge	3 moldes redondos de 20cm de diámetro	1.2kg	1½
Recién casados	3 moldes redondos de 20cm de diámetro	1.2kg	1½
Jugando en la nieve	Semiesfera de 12cm de diámetro x 7cm de alto Semiesfera de 9cm de diámetro x 4cm de alto	800g divididos entre los dos moldes	1
Santa Claus está de camino	Molde redondo de 15cm de diámetro Molde redondo de 10cm de diámetro Molde redondo de 7cm de diámetro (hornear un bizcocho de 10cm y recortar con un cortador redondo)	800g 400g 200g	1 ½ ¼

BIZCOCHUELO

Esta es la receta de bizcochuelo que empleo cuando tengo que armar un pastel cubriendo el interior del molde con tiras de bizcochuelo (ver página 32). Como recomendación, aconsejo hacer las tandas de bizcochuelo ligero de una por una. Utilizo un máximo de ocho huevos por horneada (el doble que en la receta detallada abajo) pues esta cantidad proporciona al bizcocho una textura ligera y es, además, la más apropiada cuando se utiliza un recipiente de batidora eléctrica de tamaño estándar.

Ingredientes

4 huevos grandes; yemas y claras separadas

120g de azúcar común

120g de harina 0000 cernida

1cdta de esencia de vainilla

Utensilios

Bandeja para horno de 40cm x 30cm, forrada con papel encerado

Batidora

Espátula

Variante

Chocolate: sustituir 30g de harina por 30g de cocoa en polvo, cernir la mezcla y, a continuación, seguir los mismos pasos que en el bizcocho de vainilla.

1 Precalentar el horno a 220°C.

2 Batir las yemas con 60g de azúcar y la esencia de vainilla hasta que la mezcla espese y tenga un color pálido. Guardar.

3 En otro recipiente, batir las claras hasta que tengan una consistencia espumosa y ligera. Incorporar el resto del azúcar y batir a velocidad media hasta que el merengue forme picos.

4 Incorporar la mitad del merengue a las yemas con movimientos envolventes ayudándose con una Espátula de plástico. Una vez mezclado, añadir el resto.

5 Cernir y agregar la harina a la mezcla en dos o tres tandas utilizando la espátula para remover.

6 Extender la masa uniformemente sobre la bandeja utilizando una espátula quebrada.

7 Hornear de seis a ocho minutos hasta que la superficie se haya dorado ligeramente y cuando, al presionarlo con la yema de los dedos, el bizcocho vuelva a su forma original. Una vez frío, cubrir el bizcocho con plástico autoadherible para evitar que se seque.

Para la realización de Flora, el Hada del Bosque, hornear una lámina de bizcocho de 40cm x 30cm utilizando la receta anterior. Cuando se enfríe, cortar en tres tiras de 10cm cada una y enrollar con el relleno elegido (ver páginas 18-23) para formar el tronco del árbol.

MINI CAKES DE NARANJA

Ingredientes

Para el pastel:

200g de mantequilla a temperatura ambiente

200g de azúcar común

4 huevos

2 yemas de huevo

225g de harina con levadura o cernir 225g de harina 0000 con una cucharadita y media de polvo de hornear

50g de almendras molidas

1cda de ralladura de naranja

100g de cáscara de naranja cristalizada finamente cortada

Para el almíbar:

150g de azúcar

25ml de jugo de limón

125ml de jugo de naranja

50ml de licor de naranja o limón (Cointreau o Limoncello)

Para la decoración:

500g de *fondant* líquido (ver glosario pág. 192 y fondant en pág. 24)

Jalea de durazno tibia, c/n

Colorante comestible líquido o en pasta de color al gusto, c/n

Glaseado real, c/n

Utensilios

Molde de silicón de panques de 4cm

Bandeja

Batidora

Manga desechable

Boquilla redonda lisa de 1cm para manga

Brocha de repostería

Recipientes

Tenedor especial de bombonería

Cucuruchos de papel

Tijeras

1 Precalentar el horno a 220°C.

2 Colocar la mantequilla, el azúcar y la ralladura de naranja en el recipiente de la batidora. Batir a velocidad media con la pala hasta conseguir una mezcla ligera y cremosa. Añadir las yemas y los huevos uno por uno mezclando bien después de cada adición. Por último, incorporar la harina y las almendras molidas en dos tandas y mezclar a velocidad baja hasta integrar completamente.

3 Para hacer los *mini cakes* (tal y como figura en la página 152), disponer la mezcla en una manga con boquilla redonda de 1cm y rellenar las ²/₃ partes del molde de silicón. Hornear de 8 a 10 minutos aproximadamente (o más tiempo si se utilizan moldes más grandes).

4 Retirar los *mini cakes* del horno y dejar enfriar en el molde de silicón. Una vez fríos, desmoldar y, si es necesario, nivelar la parte superior utilizando un cuchillo de sierra. Una vez nivelados, colocar los pasteles de nuevo en el molde para bañarlos con el almíbar posteriormente.

5 Para el almíbar, combinar el azúcar con los jugos de limón y naranja en una cacerola pequeña y calentar a fuego medio hasta que empiece a hervir. Dejar que el almíbar hierva durante unos minutos y retirar del fuego. Por último, verter el licor y utilizar el almíbar cuando todavía está tibio. Asegurarse de que los *mini cakes* están fríos antes de aplicar el almíbar.

6 Humedecer el bizcocho con el almíbar con una brocha de repostería evitando empaparlo demasiado. Cubrir con plástico autoadherible y enfriar durante un par de horas.

7 Desmoldar y pincelar la superficie de los *mini cakes* con la jalea de durazno templada para sellar el migajón.

8 Disolver 500g de fondant a baño María o en el mircroondas hasta fundir y alcanzar una temperatura de 40/50º C.

9 Si se utilizan dos colores diferentes (como es el caso en la fotografía de esta página) dividir el "fondant" en dos recipientes por color. En nuestra foto se usaron los colores rosa y buganvilia, tiñéndose según lo indicado en pág. 46 hasta lograr el tono deseado..

10 Bañar los *mini cakes* en el *fondant* introduciendo la parte superior ayudándose con un tenedor para poder sacarlos una vez cubiertos. Colocarlos sobre una rejilla para que gotee el *fondant* sobrante. Una vez que el *fondant* ha cuajado, retirar los *mini cakes* de la rejilla con una espátula para colocarlos en un molde de papel o directamente en el plato de presentación.

11 Terminar de decorar con una espiral utilizando un cucurucho de papel y glaseado real de color rosa claro.

CAKE POPS

La mayoría de las recetas para elaborar *cake pops* están hechas a base de bizcocho, no obstante, recomiendo esta otra, a base de galletas y muy fácil de hacer, sobre todo cuando no se dispone de tiempo suficiente para cocinar un pastel o bizcochuelo.

Ingredientes

300g de galletas de vainilla o chocolate, trituradas

100g de crema de chocolate con avellanas (Nutella) o cajeta

250g de chocolate blanco, negro o con leche caliente

Colorante para chocolate a elección (ver glosario en pág. 192)

Utensilios

Recipiente para mezclar

Espátula de plástico

Guantes desechables de látex aptos para uso alimentario

Palitos de plástico largos (de paleta)

Bloque de unicel

1 En un recipiente, mezclar las galletas trituradas con el relleno elegido con ayuda de una espátula hasta que ambos estén bien integrados. Añadir un poco más de relleno si fuera necesario para conseguir una masa moldeable.

2 Utilizar guantes para modelar pequeñas porciones de masa con las palmas de las manos en forma de bolita.

3 Conservar los *cake pops* en el refrigerador durante una hora o hasta que se endurezcan.

4 Introducir la punta del palo en el chocolate caliente y luego insertarla en el centro de la bolita. De este modo, el chocolate se solidificará rápidamente y la bolita quedará fija al palo.

5 Bañar los *cake pops* en chocolate blanco, negro o con leche, tibio. Si se utiliza chocolate blanco, se pueden colorear con colorantes para chocolate.

6 Insertar los palos en el unicel y dejar secar.

GALLETAS DE VAINILLA

Esta receta de galletas es una de mis favoritas debido a su consistencia firme, ideal para decorar con glaseado fluido. La masa puede guardarse en el congelador hasta dos meses.

Ingredientes

200g de harina 0000

50g de harina de almendras o almendras molidas

75g de azúcar común

100g de mantequilla acremada

3 yemas de huevo

Una pizca de sal

1cdta de extracto de vainilla (o las semillas de una vaina de vainilla)

Utensilios

Colador

Batidora con accesorio de pala

Plástico autoadherible

Rodillo

Cortadores para galletas

Bandeja de horno

Papel encerado para horno

1 Cernir la harina junto con la sal en el recipiente de la batidora y mezclar utilizando la pala. Para hacer galletas de chocolate o canela, mezclar los sabores elegidos junto con la harina y la sal en este paso.

2 Añadir la harina de almendras junto con el azúcar y remover para mezclar todos los ingredientes.

3 Incorporar la mantequilla y mezclar despacio hasta conseguir una consistencia arenosa. Verter las yemas de huevo y el extracto de vainilla (o las semillas) o la ralladura de un cítrico; continuar batiendo hasta que se forme una masa. Tener cuidado de no mezclar en exceso.

4 Sacar la masa del recipiente y envolver con plástico autoadherible. Dar a la masa una forma plana y cuadrada. Dejar reposar al menos una hora en el refrigerador para que se solidifique o durante toda la noche.

5 Antes de cortar las galletas, trabajar la masa con las palmas de la mano hasta que sea maleable. Espolvorear con harina la superficie de trabajo y extender la masa hasta conseguir un grosor de unos 5mm.

6 Cortar las galletas con el cortador elegido y disponerlas sobre una charola de horno cubierta con papel encerado. Dejar la bandeja en el refrigerador para que las galletas se enfríen antes de ser horneadas.

7 Hornear a 170°C hasta que las galletas estén ligeramente doradas por su parte superior y por los lados. El tiempo de horneado dependerá del tamaño de las galletas. Como referencia, las galletas de 5cm de diámetro tardan aproximadamente unos 10–12 minutos en cocinarse.

CONSEJO

Asegúrate de hornear las galletas hasta que tengan un color dorado uniforme. Si salen del horno antes de tiempo sabrán a harina cruda.

Sabores

Chocolate: sustituir 50g de harina por 50g de cocoa en polvo.

Canela: añadir una cucharadita colmada de canela en polvo.

Limón o naranja: añadir una cucharadita colmada de ralladura de un cítrico a elección.

RELLENO

CREMA DE MANTEQUILLA MERENGADA

Esta receta se suele utilizar para rellenar bizcochos y para sellar el migajón del pastel antes de cubrirlo con pasta de azúcar, pues el merengue italiano aporta una textura suave y ligera a la crema de mantequilla. Los sabores sugeridos, son sólo una referencia; siempre se pueden utilizar otros diferentes si se le quiere dar un toque más personal.

Ingredientes

300g de azúcar común

100ml de agua

150g de claras de huevo (equivalente a 4 huevos medianos)

350g de mantequilla acremada

Esencia de vainilla (o cualquier otro sabor como los sugeridos en la página siguiente)

Utensilios

Cacerola mediana de fondo grueso

Termómetro digital (opcional, ver consejo)

Batidora

1 Separar una cucharada de azúcar para las claras y echar el resto en un cacerola junto con el agua. Calentar a fuego medio hasta que hierva alcanzando una temperatura máxima de 118°C.

2 Mientras tanto, batir las claras a punto de nieve a velocidad media. Añadir la cucharada de azúcar que hemos separado al principio y seguir batiendo hasta que el merengue tenga consistencia.

3 Verter el almíbar en forma de hilo sobre las claras de huevo mientras se sigue batiendo a velocidad media. Continuar batiendo hasta que el merengue alcance una temperatura de 30°C.

4 Añadir la mantequilla acremada al merengue italiano en tres tandas mientras se mezcla a velocidad media.

5 Incorporar el sabor elegido (ver página siguiente) y usar directamente para rellenar o sellar el migajón del bizcocho.

CONSEJO

Utiliza un termómetro para comprobar la temperatura del almíbar. En caso de no tener uno, vierte una cucharada de almíbar en un vaso de agua fría; si se forma una bolita blanda, es que se ha conseguido la temperatura requerida.

Sabores

Chocolate negro: Mezclar 150g de chocolate semiamargo derretido (50% de cacao) a 27°C con 500g de crema de mantequilla.

Crema de mantequilla de chocolate blanco: Mezclar 250g de chocolate blanco derretido a 27°C con 500g de crema de mantequilla

Vainilla: Abrir dos vainas de vainilla a lo largo y raspar para sacar las semillas con la punta de un cuchillo. Mezclar las semillas con 500g de crema de mantequilla. Añadir 10ml (2 cucharaditas) de esencia de vainilla natural para realzar el sabor.

Brandy: Añadir 50ml de brandy a 500g de crema de mantequilla.

Café: Diluir 60g de café soluble en 15ml (una cucharada) de agua caliente e incorporarlo a 500g de crema de mantequilla. Un toque de brandy complementa perfectamente el sabor del café.

Arándanos (o cualquier otro fruto rojo): Añadir 150g de jalea de arándanos a 500g de crema de mantequilla.

Limón: Añadir 150g de crema de limón y 50ml de jugo de limón natural a 500g de crema de mantequilla. De manera opcional, también se puede añadir la ralladura de medio limón o cáscara de limón cristalizado finamente picada.

Naranja: Mezclar 120g de cáscara de naranja cristalizada y picada con 500g de crema de mantequilla. Como opción extra se pueden añadir 50ml de licor de naranja (Cointreau o Grand Marnier) para realzar el sabor.

CONSEJO

Hoy en día existe una amplia gama de pastas concentradas utilizadas tanto en pastelería como en heladería. Estas pastas se pueden usar para dar sabor a las cremas de mantequilla. Intenta experimentar combinando tus propios sabores.

ALMÍBAR

El almíbar se puede utilizar para mantener el migajón del pastel o bizcochuelo húmedo y darle más sabor. Es difícil precisar cuanto almíbar se necesita para humedecer cada capa del pastel, ya que dependerá del grosor y el grado de humedad del migajón.

Ingredientes

250g de azúcar común

250ml de agua

25ml de jugo de limón (opcional)

Utensilios

Cacerola mediana de fondo grueso

Cuchara de madera

Recipiente hermético (para conservar el almíbar)

CONSEJO

Recuerda pincelar suficiente almíbar para mantener una humedad uniforme. Si se añade en exceso, el bizcocho quedará demasiado dulce y blando. Hay que tener en cuenta, además, que el bizcocho absorbe parte de la humedad del relleno después de unos días en el refrigerador.

1 Mezclar todos los ingredientes en una cacerola y calentar a fuego medio. Remover de vez en cuando para asegurarse de que el azúcar se disuelve completamente.

2 Dejar hervir el almíbar aproximadamente un minuto y retirar del fuego.

Sabores

Brandy: Añadir 100ml de brandy al retirar el almíbar del fuego.

Naranja: Hervir los ingredientes con la cáscara de una naranja sin la parte blanca para evitar que amargue el almíbar. Añadir 50ml de licor de naranja (Cointreau) al retirar del fuego y verter el líquido en el recipiente hermético.

Limón: Hervir los ingredientes con una cáscara de limón sin la parte blanca. Retirar del fuego y añadir un chorrito de Limoncello.

3 Verter en un recipiente hermético y cerrarlo cuando todavía está caliente para evitar que el agua se evapore. Dejar enfriar a temperatura ambiente antes de utilizar.

4 El almíbar se puede conservar en el refrigerador un mes aproximadamente.

Vainilla: Hervir el almíbar junto con dos vainas de vainilla previamente abiertas y raspadas. A continuación añadir unas gotas de esencia natural de vainilla.

Chocolate: Añadir una cucharada rasa de cocoa en polvo y 50ml de brandy junto con los ingredientes de la receta hasta que hierva. Utilizar este almíbar únicamente para bizcochos de chocolate.

GANACHE DE CHOCOLATE OSCURO

Éste es uno de mis rellenos preferidos debido a su consistencia y textura cremosa.
Esta receta puede utilizarse como relleno o para sellar el migajón del bizcocho.

Ingredientes

500g de cobertura de chocolate semiamargo

500ml de crema

50ml de miel

Utensilios

Cacerola

Recipiente grande

Batidor de globo

Espátula

1 Verter la crema junto con la miel en un cacerola y calentar a temperatura media hasta alcanzar el punto de ebullición. Retirar y reservar.

2 Colocar el chocolate en un recipiente y, posteriormente, verter la mezcla de crema y miel. Mezclar con batidor de globo desde el centro del recipiente hacia los lados, hasta emulsionar los ingredientes y que adquieran una textura suave y brillante.

3 Dejar enfriar en el refrigerador, removiéndolo de vez en cuando con la ayuda de una espátula, hasta conseguir una consistencia cremosa y fácil de extender sobre el pastel.

Sabores

Brandy: Cuando la *ganache* esté preparada, incorporar 100ml de brandy o cualquier otro licor (opcional).

CONSEJO

Si se prefiere, se puede sustituir la miel por glucosa. Cualquiera de los dos ingredientes dará a la *ganache* una textura cremosa.

GANACHE DE FRAMBUESA

Recomiendo este relleno, pues el puré de frambuesa aporta acidez y cremosidad a la *ganache*. Para crear una deliciosa combinación se pueden intercalar capas de bizcocho de chocolate con finas capas de *ganache* y mermelada de frambuesa. También se puede humedecer el pastel con almíbar de licor de frambuesa para realzar el sabor.

Ingredientes

500g de cobertura de chocolate semiamargo

300g de puré de frambuesa

200ml de crema

50ml de miel

50ml de licor de frambuesa

Utensilios

Cacerola

Recipiente grande

Batidor de globo

Espátula

1 Poner la crema, la miel, el licor y el puré de frambuesa en un cacerola y calentar hasta que hierva.

2 Colocar la cobertura de chocolate en un recipiente. Retirar la mezcla del fuego y verter sobre el chocolate. Mezclar con batidor de globo del centro del recipiente hacia los lados, hasta que la *ganache* adquiera una textura suave y brillante.

3 Dejar enfriar en el refrigerador, removiéndola de vez en cuando con la ayuda de una espátula, hasta conseguir una consistencia cremosa y fácil de extender sobre el bizcocho.

GANACHE DE MARACUYÁ

Este relleno combina muy bien en pasteles saborizados con limón o almendras, bañados con almíbar de durazno.

Ingredientes

650g de cobertura de chocolate de leche

300g de puré de maracuyá

100ml de crema

30ml de miel

100g de mantequilla

Utensilios

Cacerola

Batidor de globo

Recipiente grande

Plástico autoadherible

1 Verter la crema junto con el puré de maracuyá y la miel en un cacerola y calentar hasta que hierva.

2 Colocar el chocolate con leche en un recipiente. Retirar la mezcla del fuego e incorporar al chocolate. Mezclar con el batidor de globo hasta emulsionar todos los ingredientes, y por ultimo añadir la mantequilla. Cubrir con plástico autoadherible y dejar en el refrigerador toda la noche.

CONSEJO

Es aconsejable cubrir la *ganache* con plástico autoadherible antes de guardar en el refrigerador. Esto previene que otros olores alteren su sabor.

MALVAVISCOS

Los malvaviscos tienen varios usos y son bastante rápidos y fáciles de elaborar. Es conveniente utilizar un termómetro digital para obtener un buen resultado. Se pueden hacer de distintos sabores y darles color con colorantes en pasta o líquidos. Además, se pueden utilizar como relleno o para decorar.

Ingredientes

Para la mezcla de gelatina:

75ml de agua

18g de gelatina en polvo sin sabor

1cdta de esencia de vainilla

Una pizca de sal

Para el almíbar:

65ml de agua

220g de azúcar común

30ml de jarabe de glucosa

80ml de miel

Utensilios

Batidora con aspas de globo

Cacerola

Termómetro digital

1 Para la mezcla de gelatina: poner el agua, la sal y el extracto de vainilla en el recipiente de la batidora y mezclar utilizando las aspas de globo. Espolvorear la gelatina uniformemente sobre el agua y dejar reposar diez minutos para hidratar la gelatina y conseguir una consistencia esponjosa.

2 Para hacer el almíbar: mezclar todos los ingredientes en un cacerola. Calentar a temperatura media hasta hervir y alcanzar los 117°C. Evitar remover el almíbar mientras hierve para prevenir la cristalización del azúcar. Una vez que se alcanzan los 117–118°C, retirar el almíbar del fuego y dejar enfriar hasta alcanzar una temperatura de 100°C.

3 Verter el almíbar en la mezcla de la gelatina a la vez que se bate a velocidad media. Continuar batiendo hasta conseguir un merengue de consistencia firme y brillante. Dejar que la preparación alcance una temperatura de 40– 45°C. Llegados a este punto, la mezcla está lista para su uso.

Cómo hacer 'bolitas de nieve'

1 Preparar una manga con una boquilla redonda lisa de 5mm y llenarla con la mezcla de la nube aún tibia. Distribuir la mezcla en los huecos semiesféricos de un molde de silicón como se muestra en la imagen superior (no es necesario rociar previamente el molde con aceite o espolvorear con azúcar glas). Utilizar la cantidad de malvavisco suficiente con el fin de completar la esfera.

2 Espolvorear cada bolita con coco rallado. Insertar un palito de paleta y dejar que la mezcla tome consistencia a temperatura ambiente durante un par de horas. El tiempo de secado dependerá de la humedad del ambiente.

3 Para sacar la bolita, presionar el molde por la parte de abajo. Como el malvavisco tiene una consistencia elástica, no se romperá al extraerse y mantendrá su forma. Rodar las bolitas de nieve por abundante coco rallado cuando todavía están húmedas. Si se prefiere, el coco puede reemplazarse con azúcar glas.

GLASEADOS Y PASTAS DE AZÚCAR

FONDANT EXTENDIDO

Normalmente utilizo *fondant* ya preparado porque es una manera de ahorrar tiempo y asegurarse de que, a la hora de trabajar, la calidad y la consistencia de la pasta son siempre las mismas. No obstante, es muy útil tener una receta de *fondant* extendido a la mano en caso de necesitarlo. Hay que tener en cuenta que el clima puede influir en la consistencia de la pasta y que, por lo tanto, la receta puede cambiar ligeramente dependiendo de las condiciones climáticas del lugar donde se trabaje.

Ingredientes

120ml de agua

20g de gelatina en polvo (sin sabor)

200g de jarabe de glucosa

30g de glicerina*

40g de margarina derretida

2kg de azúcar glas

5ml (1 cucharadita) de CMC (ver glosario pág. 192)

10ml (2cdtas) de esencia de vainilla incolora

Utensilios

Recipiente de vidrio térmico

Espátula de plástico

Batidor de globo

Baño María o microondas

Colador

Recipiente de plástico hermético para uso alimentario

*Evitar el uso de glicerina en climas con condiciones de humedad extrema.

1 Verter el agua en el recipiente. Espolvorear la gelatina sobre el agua y dejar hidratar durante cinco minutos aproximadamente. Poner el recipiente en una cacerola a baño María y calentar el agua (del baño María) hasta que hierva evitando que toque el recipiente. Remover hasta que la gelatina se disuelva por completo y se vuelva transparente.

2 Derretir la margarina a baño María o en microondas e incorporar a la gelatina fundida junto con la glicerina (si se necesita), glucosa y esencia de vainilla. Mezclar los ingredientes con la espátula de plástico cuidando de que no se calienten demasiado. Retirar el recipiente del fuego.

3 Cernir 500g de azúcar glas con CMC e incorporar a la mezcla de la gelatina. Remover bien para que todos los ingredientes se combinen. Continuar añadiendo azúcar glas hasta que se forme una pasta espesa.

4 Espolvorear la superficie de trabajo con azúcar glas. Sacar el *fondant* del recipiente y amasar bien con el resto de azúcar glas hasta que la pasta se vuelva flexible y no se pegue en la superficie.

5 Guardar la pasta en un recipiente de plástico hermético apto para uso alimentario cuando no se utilice y para prevenir que se seque y se formen durezas (ver nota sobre almacenamiento a continuación).

Cómo dar color y conservar fondant

Tanto el *fondant* ya preparado como el casero pueden ser coloreados y almacenados del mismo modo que la pasta para modelar. Más información sobre los pasos a seguir en la página 25.

PASTA PARA MODELAR

Es muy importante utilizar pasta para modelar de buena calidad a la hora de elaborar figuras. Personalmente tengo preferencia por pastas de azúcar que contienen CMC (carboximetilcelulosa). Esta goma no sólo proporciona a la pasta una consistencia flexible y maleable, sino que también ayuda a que las piezas mantengan su forma. Existen muchas marcas y tipos de pastas en el mercado, pero recomiendo utilizar aquella con la que estés más familiarizado y más a gusto a la hora de trabajar.

Ingredientes

50ml de agua

7g (½ cda) de gelatina en polvo sin sabor

50g de claras de huevo a temperatura ambiente**

120g de jarabe de glucosa

30g de margarina derretida

5ml (1cdta) de glicerina*

15ml (1cda) de goma CMC

1kg de azúcar glas (aunque se puede necesitar más, ver nota en pág. 42)

50g de Maicena

10ml (2cdtas) de esencia de vainilla incolora

Utensilios

Recipiente de vidrio térmico

Cacerola para baño María

Espátula de plástico

Colador

Recipiente de plástico hermético para uso alimentario

1 Verter el agua en el recipiente de vidrio. Espolvorear la gelatina sobre el agua y dejar hidratar durante cinco minutos. Poner el recipiente a baño María y calentar evitando que el agua de la cacerola hierva a borbotones y toque el recipiente de vidrio. Remover hasta que la gelatina se disuelva por completo y se vuelva transparente.

2 Derretir la margarina a baño María o en microondas e incorporar la gelatina junto con la glucosa, la glicerina (opcional) y la esencia de vainilla. Mezclar con la espátula de plástico hasta que todos los ingredientes estén perfectamente integrados. Tener cuidado de no calentar la mezcla demasiado.

3 Retirar el recipiente del fuego e incorporar las claras de huevo cuando la mezcla esté templada.

4 Cernir en un recipiente 500g de azúcar glas con el CMC y la Maicena. A continuación, incorporar a la gelatina y mezclar con la espátula de plástico hasta que se forme una pasta espesa y pegajosa.

5 Volcar la mezcla sobre la superficie de trabajo y amasar con el resto de azúcar hasta que la pasta se vuelva flexible y maleable y no se pegue a la superficie.

6 Guardar la pasta en un recipiente de plástico hermético para prevenir que se seque (ver nota sobre cómo conservar la pasta a continuación).

Podrás encontrar consejos sobre las técnicas básicas de modelado con esta pasta en las páginas 40–42.

* Evitar el uso de glicerina en climas con condiciones de humedad extrema.

** Se recomienda el uso de huevo pasteurizado en cualquier comida que no vaya a ser cocinada (o poco cocinada).

Si se decide utilizar claras de huevo frescas, cerciorarse de elegir huevos de calidad que hayan sido producidos bajo los estándares más altos de seguridad alimentaria. Existen huevos de gallinas que han sido vacunadas previamente contra la salmonela, que son perfectamente identificables y cuentan con una fecha de caducidad en la cáscara como garantía de calidad.

CÓMO COLOREAR PASTA DE AZÚCAR

Hoy en día existe una gran variedad de colorantes comestibles en pasta, líquidos y en polvo. Los mejores colorantes son los que no contienen glicerina, pues no alteran la consistencia de la pasta ni retardan el proceso de secado (ver página 46).

Recomiendo el uso de colorantes comestibles en pasta para lograr tanto tonalidades claras como intensas. Por su parte, los colorantes comestibles líquidos son los más utilizados para obtener tonos pastel, ya que sólo se necesita añadir una pequeña cantidad de color; aunque no para conseguir tonos intensos, porque al incorporar demasiada cantidad la pasta de azúcar se ablanda.

Los colorantes comestibles en pasta son concentrados, por lo que se requiere añadir gradualmente pequeñas cantidades con la ayuda de la punta de un palillo de madera hasta conseguir el tono deseado. Para que el color se incorpore en la pasta de manera uniforme hay que asegurarse de amasarla bien. Para colores intensos, dejar que la pasta repose en un recipiente de plástico hermético durante un par de horas.

Cómo dar color pastel a grandes cantidades de pasta de azúcar (Ej: para cubrir un pastel)

En primer lugar, agregar el color a un trozo de pasta de azúcar con la ayuda de la punta de un palillo hasta conseguir la intensidad deseada del color elegido (por ejemplo, rojo intenso).

A continuación, añadir gradualmente pequeños trozos de la pasta de azúcar que se ha coloreado a la porción de pasta más grande hasta obtener el tono deseado. Por ejemplo, el rojo intenso combinado con pasta de azúcar blanca dará como resultado un color rosa claro.

Esta tecnica ayuda a que el color se "incorpore" de manera gradual y segura, ya que si se añade el color directamente desde el bote, corremos el riesgo de agregar demasiado color y no obtener la tonalidad suave/pastel deseada.

Cómo conservar las pastas de azúcar (*fondant* extendido, pasta de modelar y pastillaje)

Una vez que se ha coloreado la pasta, es necesario frotar la superficie con margarina para prevenir que se forme una corteza seca. Se debe conservar en un recipiente hermético. Guardarla de esta manera permite mantener la humedad durante más tiempo.

Tanto el *fondant* extendido, como la pasta para modelar y el pastillaje se pueden conservar:

- Hasta un máximo de 15 días a temperatura ambiente.
- Hasta un mes en el refrigerador.
- Hasta dos meses en el congelador.

Sacar la pasta del refrigerador o congelador y dejar que alcance la temperatura ambiente. Amasarla antes de utilizarla hasta que recupere plasticidad y sea maleable.

Si se utilizan pastas preparadas, seguir las instrucciones de conservación indicadas en el envase.

CONSEJO

No envolver la pasta de azúcar en plástico autoadherible, este material es poroso y no evita que se forme una película seca en el exterior de la pasta.

Glaseado Real

El glaseado real es una de las recetas básicas que existen en repostería. Además es muy útil, ya que ofrece infinidad de posibilidades al momento de decorar. Antes de comenzar a preparar el glaseado, es necesario asegurarse de que todos los recipientes y espátulas que se vayan a utilizar están perfectamente limpios y sin restos de grasa, de lo contrario el glaseado no tendrá la consistencia necesaria.

Ingredientes

40g de claras de huevo (1 clara) a temperatura ambiente*

250–300g de azúcar glas (esta cantidad dependerá del tamaño de la clara de huevo)

5ml (1cdta) de jugo de limón fresco, colado

Utensilios

Batidora con accesorio de pala

Espátula de plástico

Envase hermético de plástico

Plástico autoadherible

Papel de cocina

* Ver instrucciones en la página 25 sobre el uso de huevo en alimentos sin cocinar.

1 Colocar las claras de huevo en una batidora eléctrica y batir con el accesorio de pala a velocidad media hasta que comiencen a espumar. Si se utiliza albúmina en polvo, rehidratarla con la cantidad de agua indicada en el paquete para obtener 40g de clara reconstituida.

2 Incorporar el azúcar glas cernido a las claras de huevo mientras se mezcla a velocidad media. Añadir azúcar glas hasta que el glaseado tome consistencia media.

3 Colocar el glaseado real en un envase de plástico hermético, cubrir con plástico autoadherible y tapar para evitar que se seque. También se puede colocar un trozo de papel de cocina húmedo encima del plástico autoadherible para evitar que se seque.

Consistencias

Glaseado fluido: se utiliza para rellenar espacios entre líneas de glaseado de consistencia media y para cubrir pasteles y *cupcakes*. Añadir unas gotas de agua fría, previamente hervida, para conseguir un glaseado más líquido. Para comprobar que se ha conseguido esta consistencia, hacer un corte con una espátula y comprobar que el glaseado vuelve a su posición original transcurridos aproximadamente diez segundos.

Glaseado de consistencia media: se utiliza para rellenar las cuencas de los ojos y dibujar líneas, puntos y bordes en pasteles. Para hacer este glaseado, ver la receta explicada anteriormente y asegurarse de que, al levantar la mezcla con la pala, se forman picos suaves.

Glaseado a punto o de picos firmes: se utiliza para pegar figuras a los pasteles y para hacer pelo. Añadir un poco de azúcar glas cernida al glaseado de consistencia media y continuar batiendo hasta que se formen picos más firmes.

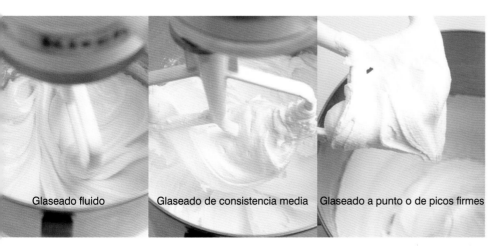

Glaseado fluido   Glaseado de consistencia media   Glaseado a punto o de picos firmes

Las claras de huevo pueden guardarse en el congelador hasta 15 días. Durante este tiempo parte del agua que contienen las claras se evapora, la albúmina se concentra y las hace idóneas para elaborar glaseado.

Cómo dar color al glaseado real

El glaseado real se puede colorear con colorante comestible líquido o en pasta. Si se utiliza colorante en pasta, extraer una pequeña cantidad del bote con la punta de un palillo de madera, transferir a un recipiente con glaseado real y mezclar con una espátula recta. Agregar el color poco a poco hasta obtener el tono deseado. Por otra parte, para aplicar colorante líquido, utilizar la punta de un cuchillo o una pipeta y añadir gotas de color al glaseado. Mezclar tal y como se ha explicado anteriormente.

Una vez añadido el color, cubrir el glaseado con plástico autoadherible y papel de cocina húmedo para prevenir que se formen cortezas.

Cómo conservar glaseado real

El glaseado real se puede guardar en el refrigerador hasta una semana si se han utilizado huevos frescos. No obstante, después de un par de días, puede que la mezcla se separe y se forme una capa gruesa de azúcar en la parte de arriba y otra acuosa en la parte de abajo. Si esto ocurre, sacar el glaseado del refrigerador y dejar que alcance la temperatura ambiente. Retirar del recipiente desechando cualquier resto de glaseado seco que se haya formado. Volver a batir hasta conseguir su consistencia original.

PASTILLAJE

Esta pasta de azúcar es la más adecuada para realizar piezas de gran resistencia como construcciones, placas y soportes.

Ingredientes

80g de claras de huevo (2 claras) a temperatura ambiente*

800g de azúcar glas (aunque se puede necesitar más, ver consejo)

50g de Maicena

1 cdta de goma CMC

Esencia de vainilla incolora

Margarina derretida

Utensilios

2 recipientes grandes

Cuchara de madera

Recipientes de plástico hermético para uso alimentario

* Ver nota en página 25 sobre el uso de huevos sin cocinar.

1 Poner las claras de huevo en un recipiente grande.

2 En otro recipiente, cernir la mitad del azúcar glas con la goma CMC, luego verter en el recipiente con las claras de huevo. Mezclar con una cuchara de madera hasta conseguir una pasta suave y elástica.

3 Sacar la pasta del recipiente y amasar en una superficie limpia con el resto de azúcar glas hasta que sea totalmente flexible y maleable y no se pegue en la superficie de trabajo.

4 Frotar la superficie del pastillaje con un poco de margarina derretida para prevenir que se formen cortezas. Guardar en un recipiente de plástico hermético, asegurándose de quitar todo el aire. Nunca dejar sin envolver, de lo contrario el pastillaje se secará rápidamente.

CONSEJOS

Recuerda que la cantidad de azúcar dada en las recetas es solamente una referencia ya que en ciertos casos habrá que añadir más dependiendo del tipo de azúcar que estés utilizando y las condiciones climáticas del lugar de trabajo (por ejemplo, en climas húmedos se requiere más cantidad).

No extiendas demasiado pastillaje de una sola vez ya que se seca rápido. Utiliza la cantidad necesaria de acuerdo al tamaño de la plantilla que estés utilizando.

Para formas cilíndricas es mejor utilizar pastillaje que contenga CMC o goma tragacanto. Dichos ingredientes dan a la pasta una consistencia firme y mayor resistencia, lo que permite envolver la pasta alrededor del cilindro con más facilidad sin que pierda la forma.

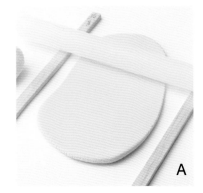

A

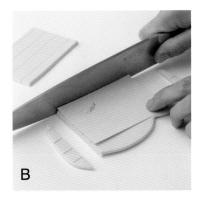

B

C

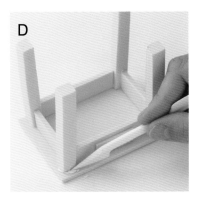

D

Cómo utilizar pastillaje

1 Espolvorear la superficie de
trabajo con Maicena y extender
una porción de pastillaje. Utilizar los
rodillos para conseguir un grosor
uniforme (foto A).

2 Transferir el pastillaje a una tabla
espolvoreada con Maicena. Dar
textura si fuera necesario y cortar la
forma requerida siguiendo la plantilla del
proyecto. Utilizar un cuchillo afilado de
hoja lisa para conseguir bordes rectos
y limpios (foto B). Para cortar círculos,
utiliza un cortante redondo espolvoreado
ligeramente con Maicena.

3 Retirar la pasta sobrante de las
orillas y dejar la pieza en la tabla
hasta que se seque por la parte superior.
Darle la vuelta para que se termine de
secar por el lado opuesto. El tiempo
de secado dependerá del grosor y el
tamaño de la pieza así como de las
condiciones climáticas (en lugares con
mayores niveles de humedad tardará
más en secarse).

Cómo pegar piezas de pastillaje

1 Llenar un cucurucho con
glaseado real de consistencia
media, cortar la punta y aplicar el
glaseado sobre uno de los lados de la
pieza (foto C).

2 Colocar la pieza en la posición
requerida y retirar el glaseado
sobrante de los lados con la punta de
algún estique para modelar (foto D).

3 Una vez se han pegado todas las
piezas, dejar secar por completo.

Cómo hacer cilindros con pastillaje

1 Para conseguir la forma de un
cilindro se necesita un tubo de
plástico o un cilindro de unicel para
utilizar como molde. Cortar una tira
de pastillaje utilizando una plantilla de
papel: el largo de esta tira deberá ser el
mismo que la circunferencia del cilindro.

2 Espolvorear el cilindro con
Maicena y ubicar la tira de
pastillaje alrededor. Recortar el exceso
de pasta de los extremos para que la
unión sea lo más limpia posible.

3 Pincelar uno de los extremos con
un poco de pegamento comestible
y presionar ligeramente para unirlos.
Dejar secar.

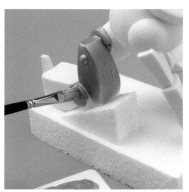

PEGAMENTO COMESTIBLE

Este pegamento comestible se puede conseguir en la mayoría de tiendas especializadas en artículos de repostería. Si de lo contrario se prefiere realizar pegamento casero, sólo se tendrá que mezclar una cucharadita rasa de goma CMC con 150ml de agua fría, previamente hervida, y unas gotas de vinagre blanco. Dejar que la mezcla repose por una hora como mínimo hasta que forme un gel. Si se necesita ajustar la densidad de la mezcla, añadir más agua para hacerla más líquida o más CMC para hacerla más espesa.

Cómo colorear el pastillaje

El pastillaje se puede colorear como cualquier otra pasta (ver página 26). La única diferencia a tomar en cuenta es que se necesita aplicar una cantidad extra de color ya que el pastillaje aclara cuando se seca. Cuando las piezas están completamente secas, se pueden pintar usando colorante alimentario líquido, pintura metálica comestible o colorante en polvo metálico diluido con unas gotas de alcohol etílico.

Cómo utilizar pegamento comestible

El pegamento comestible se utiliza para unir piezas de pasta fresca. Dicho pegamento no funciona cuando las partes están secas; al menos una de las dos piezas modeladas que se van a unir debe estar fresca.

Aplicar una cantidad pequeña de pegamento comestible con un pincel sobre la superficie de la pieza y retirar el exceso con el dedo. No utilizar demasiada cantidad ya que se puede correr el riesgo de que las piezas se desplacen de su sitio.

CONSEJO

Para elaborar un pegamento fuerte con el que se puedan unir piezas de pasta seca, mezcla pegamento comestible con una pequeña cantidad de pastillaje, o cualquier otra pasta para modelar, hasta conseguir una consistencia pegajosa.

PREPARACIÓN Y COBERTURA DE PASTELES

ARMADO DEL PASTEL CON TÉCNICA DE CINTURA

Tradicionalmente, en muchos países los pasteles tienen una doble cobertura; una primera de mazapán, para proporcionarle estabilidad y un acabado limpio en los laterales, y otra cobertura de pasta de azúcar para darle el color y el acabado.

Esta técnica de cintura es muy útil porque nos permite intercalar múltiples capas de pastel con un relleno cremoso. También ofrece la posibilidad de omitir la capa de mazapán, si no es del agrado, y cubrir el pastel directamente con pasta de azúcar. Con este método se consigue, además, un resultado mucho más limpio en los laterales.

Si por el contrario se opta por armar el pastel de forma tradicional, no hará falta preparar las tiras de bizcochuelo. Simplemente habrá que sellar toda la superficie con una fina capa de crema de mantequilla, como se muestra en el paso 9 de la página 34.

Las cantidades que se muestran a continuación sirven como referencia para realizar un pastel redondo de 20cm de diámetro o cuadrado de 20cm x 20cm.

Materiales comestibles

Capa de bizcochuelo de vainilla de 40cm x 30cm para la cintura (ver receta en página 12)*

3 capas redondas de 20cm de diámetro de pastel de mantequilla o cuadradas de 20cm x 20cm (ver páginas 9–11)

300ml de almíbar (ver página 20)

300g de relleno, ejemplo: *ganache* (ver páginas 18–23)

150g de *ganache* o crema de mantequilla para sellar el migajón del bizcocho

Utensilios

Tira de acetato

Molde redondo (o cuadrado) de 20cm para armar el pastel

Pincel o brocha de repostería para humedecer el migajón del bizcocho

Base de cartón fino de 20cm de diámetro

Base redonda para pastel de 28cm o bandeja de acero inoxidable para utilizar como base al sellar el migajón del bizcocho

Plástico autoadherible

Espátula recta

Base giratoria

*Una capa de bizcochuelo cortada a lo largo en tres tiras, permite cubrir el interior de dos moldes redondos de 20cm de diámetro o dos moldes cuadrados de 20cm x 20cm y 10cm de alto.

1 Forrar el interior del molde con una tira de acetato de la altura requerida. Para elaborar un pastel cuadrado, cortar el acetato en cuatro partes y pegarlas al interior en cada uno de los lados del molde con un poco de relleno.

2 Forrar el lateral interior del molde con la tira de bizcocho procurando que la parte dorada quede hacia el interior. Para un pastel cuadrado, cortar la tira de bizcocho en cuatro partes y pegarlas en cada lateral por el interior con un poco de relleno.

3 Forrar el fondo con una capa de bizcocho de vainilla y pincelar con almíbar. Recortar los bordes si fuera necesario para que el bizcocho encaje en el molde.

4 Extender de manera uniforme una capa del relleno elegido.

5 Repetir el proceso intercalando capas de bizcocho y relleno hasta que el pastel alcance la altura deseada.

6 Terminar el pastel con una capa de bizcocho en la parte superior y pincelar con almíbar.

7 Pegar una base de cartón fino en la parte superior utilizando un poco de relleno y envolverla con plástico autoadherible. Conservar en el refrigerador por un mínimo de tres horas.

CONSEJO

Se recomienda rellenar el pastel tres días antes de decorarlo. De esta forma se realzará más el sabor y se unificará la humedad del migajón.

8 Dar la vuelta al molde para extraer el pastel y retirar el acetato con cuidado.

9 Para sellar el migajón, extender una capa generosa de crema de mantequilla por los laterales y por la parte superior del pastel con la ayuda de una espátula recta. De esta forma se conseguirá una superficie uniforme perfecta para pegar pasta de azúcar o mazapán.

10 Retirar el exceso de crema de mantequilla con una espátula de plástico. El modo más fácil de hacerlo es colocar el pastel sobre una base giratoria, ubicar el lado recto de la espátula sobre el lateral y girar la base para que el contorno quede totalmente uniforme.

11 Dejar enfriar el pastel al menos tres horas antes de cubrirlo con pasta de azúcar. Si se deja durante toda la noche en el refrigerador, cubrir con plástico autoadherible para evitar la absorción de olores. Antes de cubrir el pastel, aplicar una capa fina de crema de mantequilla para que la pasta de azúcar se adhiera más fácilmente.

CONSEJO

Si se prefiere, se puede sustituir la crema de mantequilla por una capa fina de jalea de durazno o "cajeta pastelero" para sellar el migajón del bizcocho.

CÓMO CUBRIR UN PASTEL DE BORDES REDONDOS CON PASTA DE AZÚCAR

La mayoría de las pasteles de este libro están cubiertos con pasta de azúcar siguiendo los pasos que se explican a continuación. La cantidad de pasta requerida para cada pastel se detalla al comienzo del proyecto.

Materiales comestibles

Pastel relleno y sellado con crema de mantequilla

Pasta de azúcar

Azúcar glas

Utensilios

Rodillo grande

Cuchillo de hoja lisa

Alisador de pasta

1 Sacar el pastel de el refrigerador. Amasar la cantidad de pasta de azúcar necesaria para cubrir todo el pastel hasta conseguir que tenga una consistencia maleable.

2 Espolvorear azúcar glas sobre la superficie de trabajo y extender la pasta de azúcar hasta obtener una capa de aproximadamente 5mm de espesor. Con ayuda del rodillo, levantar la pasta y colocarla encima de el pastel.

3 Utilizar la palma de las manos para adherir la pasta tanto a la parte superior del pastel como al contorno, evitando que se formen burbujas de aire. Recortar el exceso de pasta de la base con un cuchillo de hoja lisa. Cuando se cubren *mini cakes* redondos, sustituir el cuchillo con un cortador redondo para retirar el exceso de pasta.

4 Utilizar dos alisadores para eliminar posibles imperfecciones y conseguir así un acabado limpio.

5 Llegados a este punto, el pastel ya estará listo para ser decorado como se prefiera.

CÓMO CUBRIR UN PASTEL DE BORDES RECTOS CON MAZAPÁN

Para conseguir un pastel con bordes rectos es aconsejable cubrirlo primero con una capa fina de mazapán, antes de cubrirlo con pasta de azúcar.

CONSEJO

La cobertura de mazapán es una buena técnica para mantener el pastel húmedo y conseguir una forma definida. Sin embargo, si no te gusta el sabor del mazapán, podrás omitir este paso y utilizar solamente la pasta de azúcar.

Materiales comestibles

Pastel relleno y sellado con crema de mantequilla

Mazapán

Azúcar glas

Pasta de azúcar

Bebida alcohólica transparente (como la ginebra o el vodka)

Utensilios

Rodillo grande

Base (de mayor tamaño que el pastel)

Cuchillo de hoja lisa

Papel encerado

Alisadores de pasta

Base de cartón fino (del mismo tamaño que el pastel)

Brocha de repostería

1 Sacar el pastel de el refrigerador.

2 Espolvorear azúcar glas sobre la superficie de trabajo y extender un trozo de mazapán hasta conseguir un grosor de 3mm aproximadamente. Trasladar el mazapán a la base (de mayor tamaño que el pastel) previamente espolvoreada con azúcar glas. Dar vuelta al pastel sobre la capa de mazapán y recortar el exceso con un cuchillo de hoja lisa siguiendo el contorno inferior del mismo.

3 Para cubrir el contorno del pastel, cortar una tira de papel encerado de la misma altura y longitud del contorno. Extender un trozo de mazapán y usar la plantilla de papel como referencia para cortarlo a la misma altura y longitud. Enrollar la tira

de mazapán y pegar un extremo en el lateral del pastel. A continuación, desenrollar el resto de la pasta y cortar el mazapán sobrante si fuera necesario.

4 Presionar los laterales del pastel con dos alisadores hasta conseguir una superficie lisa con un borde recto.

5 Pegar la base de cartón en la parte superior del pastel con un poco de crema de mantequilla y dar la vuelta. Dejar secar un poco el mazapán antes de cubrirlo con pasta de azúcar.

6 Humedecer la superficie del mazapán con la bebida alcohólica elegida usando una brocha de repostería. Finalmente, cubrir el pastel con pasta de azúcar tal y como se describe en la página 34.

CÓMO CUBRIR LA BASE DE UN PASTEL CON PASTA DE AZÚCAR

Para dar a tus pasteles un acabado profesional, colócalos en una base cubierta con pasta de azúcar y remata el borde con un listón.

Materiales comestibles

Pegamento comestible

Pasta de azúcar

Azúcar glas

Utensilios

Pincel

Rodillo

Base para pasteles

Cuchillo afilado o cúter

Listón

1 Pincelar la superficie de la base con una capa fina de pegamento comestible.

2 Amasar la pasta de azúcar requerida para cubrir la base hasta que sea flexible y maleable. Espolvorear la superficie de trabajo con azúcar glas y extender la pasta hasta conseguir un grosor de aproximadamente 4mm. Ayudarse con el rodillo para transferir la pasta sobre la base.

3 Pasar un alisador sobre la superficie para adherir la pasta a la base y eliminar cualquier imperfección.

4 Recortar el exceso de pasta de los bordes utilizando un cuchillo afilado o cúter.

5 Pegar un listón a lo largo del contorno de la base con pegamento en barra no tóxico evitando que entre en contacto con la pasta de azúcar. Sobreponer un extremo de la cinta sobre el otro y asegurarse de que la unión quede en la parte trasera.

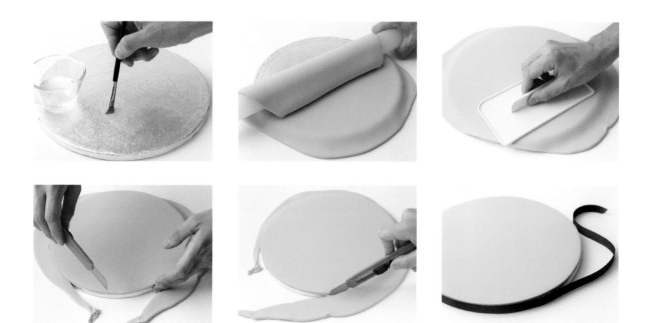

CÓMO ASEGURAR Y MONTAR UN Pastel DE VARIOS PISOS

Cuando se hacen pasteles de más de un piso es necesario introducir varillas de plástico para sostener los pisos superiores y evitar que se hundan.

Materiales comestibles

Pasteles cubiertos de pasta de azúcar y colocados en bases de cartón fino del mismo tamaño

Bebida alcohólica transparente (ginebra o vodka) o agua hervida

Glaseado real o pasta de azúcar rebajada con agua

Utensilios

Plantilla para ubicar las varillas de plástico

Varillas de plástico

Cúter o pinzas

Marcador de tinta comestible o cuchillo de sierra

1 Colocar cada uno de los pasteles sobre una base fina de cartón del mismo tamaño, para que la base no se vea y cubrir como se indica en la página 34.

2 Utilizar una plantilla o hacer una propia con papel encerado para marcar el lugar donde se van a colocar las varillas de plástico. Utilizar tres varillas para pasteles pequeños y cuatro para los grandes. Éstas deberán colocarse a la misma distancia del centro del pastel y dentro del diámetro del piso superior.

3 Esterilizar las varillas de plástico antes de usarlas con un trapo humedecido en alcohol o sumergiéndolas en agua caliente. Dejar secar antes de usar.

4 Introducir una varilla en el pastel hasta que toque la base y marcar el nivel al que llega la pasta de azúcar con un marcador de tinta comestible o un cuchillo de sierra. Repetir con el resto de varillas en el mismo piso del pastel. Retirarlas y cortar con un cúter o pinzas para que tengan el mismo largo.

CONSEJO

Si las alturas de la marcas de las varillas difieren unas de otras, corta todas a la altura de la marca más alta para que los pisos queden nivelados.

5 Insertar las varillas de nuevo en el pastel. Antes de colocar cada piso, asegurar y pegar cada uno de ellos con un poco de pasta de azúcar rebajada con agua o glaseado real.

CÓMO CUBRIR UNA BASE DE UNICEL

Las bases unicel son muy útiles en el modelado de azúcar para sostener figuras, pues este material es mucho más firme que un pastel. Gracias a que el unicel se puede colocar encima del pastel sin necesidad de introducir varillas en el piso inferior para sostenerlo (al menos que la figura sea excesivamente pesada). Las bases de unicel se encuentran fácilmente en cualquier tienda especializada de productos de repostería (ver página 192).

Estas bases tienen otros muchos usos en el proceso de modelado: se pueden utilizar como soporte cuando se está trabajando con las figuras, como base para transporte, como molde para dar forma a piezas de pastillaje o también se pueden cubrir con pasta de azúcar y ser parte de la figura para que pese menos (como la esfera del torso del robot en la página 76). Para cubrir una base de unicel, pincelar toda la superficie con pegamento comestible y cubrir con pasta de azúcar como si se tratara de un pastel (ver página 34).

ELABORACIÓN Y COBERTURA DE MINI CAKES

Materiales comestibles

Cantidad triple de la receta de pastel de mantequilla "Victoria" con el sabor deseado (ver página 9)

400ml de almíbar (ver página 20)

600g de *ganache* de chocolate negro (ver página 21)

600g de crema de mantequilla o *ganache* para sellar el migajón del bizcocho (ver páginas 18–21)

2kg de pasta de azúcar

Utensilios

2 charolas para hornear de 35cm x 25cm

Papel encerado para hornear

Rejilla

Cortador redondo de 7cm de diámetro

Brocha de repostería

Manga con boquilla redonda de 1cm

Espátula quebrada

12 bases finas de cartón de 7cm de diámetro

Plástico autoadherible

Con estas cantidades se obtienen un total de 12 *mini cakes* redondos de 7cm de diámetro.

CONSEJO

Para ahorrar tiempo a la hora de hacer varios pasteles a la vez (como estos *mini cakes*) es aconsejable seguir una línea de producción.

1 Hornear el pastel de mantequilla en dos charolas cubiertas de papel encerado siguiendo la receta de la página 9. Desmoldar y dejar enfriar sobre una rejilla. Una vez frías, envolver en plástico autoadherible y conservar en el refrigerador hasta el momento de utilizar.

2 Nivelar la parte superior del bizcocho con un cuchillo de sierra y cortar círculos de 7cm de diámetro con un cortador. Colocar dichos círculos en una charola forrada con papel encerado y humedecer con almíbar utilizando una brocha de repostería.

3 Con una manga pastelera, distribuir la *ganache* de chocolate negro en cada círculo y colocar otra capa de bizcocho encima ejerciendo una ligera presión para nivelar. Pincelar de nuevo con almíbar y dejar enfriar en el refrigerador.

4 Extender una capa de crema de mantequilla por los lados y la parte superior para sellar el migajón. A continuación, alisar la superficie con una espátula quebrada. Pegar cada *mini cake* en una base fina de cartón del mismo tamaño con la ayuda de un toque de relleno.

5 Conservar los *mini cakes* en el refrigerador envueltos en plástico autoadherible para evitar que los olores de otros alimentos alteren su sabor.

6 Cubrir con pasta de azúcar siguiendo los mismos pasos que en un pastel grande (ver página 34).

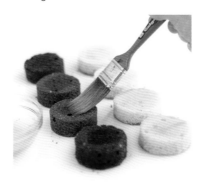

CONSEJOS Y TÉCNICAS DE MODELADO

MODELADO DE FORMAS BÁSICAS

Modelar figuras de azúcar sin grietas puede tener cierta complejidad si no se tiene mucha experiencia. Por este motivo, hay que asegurarse siempre de utilizar la pasta adecuada (ver página 25). Si se quiere conseguir además un acabado profesional, se recomienda seguir las técnicas de modelado detalladas a continuación.

Bolita

Estirar y apretar un trozo de pasta con los dedos hasta obtener una consistencia suave y flexible (fotos A y B).

Colocar la pasta entre las palmas de las manos y presionar firmemente a la vez que se ejercen movimientos circulares para alisar y eliminar las grietas de la superficie (fotos C y D). Llegados a este punto, aflojar la presión y seguir moviendo las manos en círculos hasta conseguir que la pasta tenga forma de bolita (fotos E y F).

La bolita es una de las formas básicas más importantes que primero se deben aprender y perfeccionar en el proceso de modelado, puesto que el resto parten de esta forma básica.

Lágrima

Modelar una bolita. A continuación, colocar las manos en ángulo como se muestra en la foto G y mover la bolita de arriba a abajo hasta conseguir un extremo con forma de punta (fotos G y H).

Pera

Modelar una bolita y colocar en la palma de la mano. Con el canto de la otra mano, ejercer presión sobre la mitad de la bolita, moviendo las manos de arriba abajo hasta conseguir una forma de pera (fotos I y J).

CONSEJOS PARA UTILIZAR LA PASTA DE MODELAR

• Frotarse las palmas de las manos con un poco de margarina para prevenir que la pasta se pegue.

• Si la pasta está pegajosa, puede ajustarse su consistencia amasándola con un poco de azúcar glas o con una pizca de CMC, particularmente si la figura a realizar requiere de una mayor resistencia.

• Si la pasta está demasiado dura, amasar con un poco de margarina para que se torne flexible y elástica de nuevo. También se pueden añadir unas gotas de agua hervida para recuperar la humedad que la pasta haya podido perder.

• Conservar la pasta siempre en un recipiente de plástico hermético en el refrigerador cuando no se utilice, especialmente si se vive en un lugar de clima caluroso y húmedo.

• Si la pasta tiene una corteza seca en la superficie, retirarla con un cuchillo afilado para recuperar la parte húmeda del interior. Esta corteza aparece cuando la pasta no se guarda adecuadamente en un recipiente de plástico hermético.

• Si la pasta está muy blanda y no mantiene la forma, añadir pequeñas cantidades de CMC hasta conseguir una consistencia más firme.

• En climas con condiciones de humedad extrema, no utilizar pasta o colorante alimentario que contenga glicerina (glicerol). La glicerina absorbe la humedad del ambiente e impide que la pasta se seque adecuadamente.

• Si la pasta se seca demasiado rápido mientas se está modelando, añadir pasta que contenga glicerina, por ejemplo *fondant* extendido o cualquier otra pasta que se utilice normalmente para la cobertura de pasteles. La glicerina ayudará a que la pasta retenga la humedad por más tiempo.

• La mejor manera para saber como la pasta reacciona ante condiciones climáticas determinadas, es probando y practicando previamente. La idea de prueba y error nos ayudará a decidir mejor cómo ajustar la consistencia de la pasta en el futuro.

PROPORCIONES SUGERIDAS PARA MODELAR PERSONAJES

En el dibujo de la siguiente página se puede ver cómo crear un personaje humano cuya cabeza (A) tiene el mismo volumen que el torso (B). Una vez modelada la cabeza, ésta se utilizará como unidad de medida para definir el largo de las extremidades y la altura total de la figura. Podremos entonces hablar de "tantas cabezas de alto o largo". Según el esquema sugerido, la altura total es de unas cinco cabezas aproximadamente. Las piernas medirán dos cabezas y media de largo mientras que los brazos tendrán un poco más de dos cabezas de longitud. Para personajes femeninos simplemente habrá que afinar un poco la cintura y agregar el busto.

Si por lo general, la cabeza tiene el mismo tamaño que el torso, se conseguirá un personaje de proporciones muy agradables a la vista. Esta relación de tamaño se ha utilizado en la mayoría de las figuras modeladas en el libro.

No obstante, estas proporciones sugeridas, pretenden ser sólo una referencia para empezar a modelar personajes humanos y pueden ser modificadas según el gusto y las necesidades de cada lector. Por ejemplo, para realizar una figura más estilizada y alta, habrá que hacer los brazos, piernas y cuello más largos.

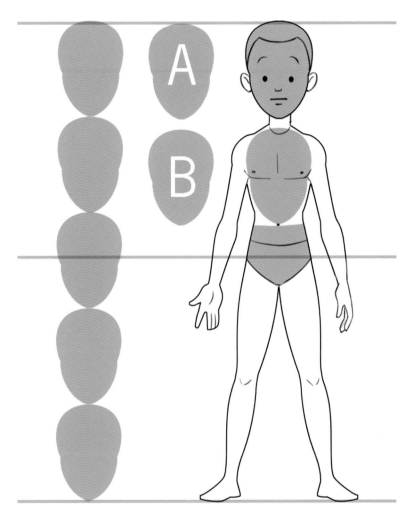

En el caso de la expresión de la cara, se pueden reflejar diferentes edades en los personajes dependiendo de la ubicación de los ojos. Para ello, una vez se ha hecho la cabeza, trazar una línea imaginaria sobre la mitad de la cara. Si se quiere retratar a una persona joven, situar los ojos por debajo de esta línea. Si por el contrario, se busca crear un personaje de más edad, colocar los ojos sobre la línea o por encima de ella.

Las cejas forman parte de un círculo imaginario que se sitúa alrededor del ojo. Dicho círculo se puede expandir o encoger para reflejar diferentes expresiones, tal y como se muestra en el dibujo de abajo.

Finalmente, las orejas deberán colocarse a la altura entre los ojos y la base de la nariz.

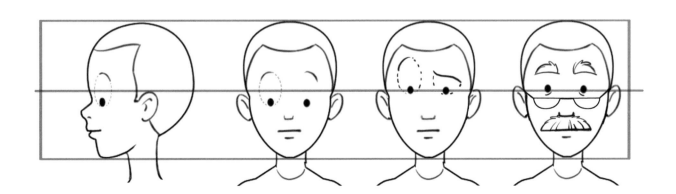

CÓMO HACER UN MOLDE DE SILICÓN

Las tiendas especializadas y proveedores de productos de repostería cuentan con moldes de cabeza de diferentes tamaños para elaborar figuras de azúcar. La gama Great Impressions de Squires Kitchen fabrica los moldes utilizados en este libro. No obstante también se pueden elaborar moldes caseros con cabezas de muñeca de diferentes tamaños y expresiones siguiendo los pasos que se detallan a continuación.

Utensilios

Pasta para modelar de silicón

Cabeza de muñeca, esterilizada con una bebida alcohólica transparente

Yeso para dentistas

100ml de agua fría

Recipiente de plástico pequeño

1 Para obtener el molde de la cara, mezclar las dos partes de pasta de silicón siguiendo las instrucciones del envase. Hacer una bolita y presionar ligeramente contra la cara de la muñeca para marcar todos los rasgos faciales. Dejar que la pasta fragüe.

2 Mientras tanto, hacer la base de yeso que servirá de soporte para el molde de silicón. Para elaborar dicho soporte, añadir una a una varias cucharaditas de yeso a 100ml de agua hasta que la mezcla tenga una consistencia espesa.

3 Verter la mezcla de yeso en un recipiente de plástico lo suficientemente grande para contener la cabeza.

4 A continuación, presionar ligeramente la cabeza con la capa de silicón contra la base de yeso y dejar secar hasta que se endurezca.

5 Cuando la base de yeso se haya endurecido, retirar la cabeza del molde de silicón. Asegurarse de esterilizar el molde con alcohol antes de cada uso utilizando un trozo de toallas desechables.

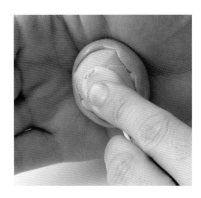

CÓMO HACER UNA CABEZA A PARTIR DE UN MOLDE

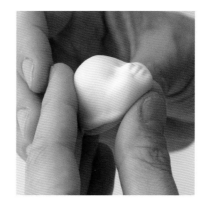

CONSEJO

No se debe utilizar pasta blanda para elaborar una cabeza a partir de un molde. Cuanto más firme sea la pasta, mejor será el resultado. Para conseguir una mezcla más resistente, añade una pizca de CMC o mézclala con la misma cantidad de pasta de goma (ver página 25).

1 Modelar la pasta en forma de bolita e introducir en el molde presionando firmemente en el centro con el dedo pulgar de tal forma que se rellenen todos los huecos.

2 Modelar otra bolita para rellenar el hueco que se ha formado al presionar con el pulgar.

3 Recortar el exceso de pasta con unas tijeras y dar forma a la parte trasera de la cabeza.

4 Insertar un palillo en la pasta para sacar la cabeza del molde.

5 Sacar la cabeza del molde con cuidado. Retirar el palillo.

6 Eliminar cualquier exceso de pasta alrededor de la cara.

7 Dar forma a la cabeza y retocar los rasgos faciales cuando la pasta está aún fresca. Dejar secar.

USO DEL COLOR

Para crear todos los proyectos de este libro, he utilizado colorantes alimentarios para pasta de Squires Kitchen, ya que su amplia gama cubre todo el círculo cromático. Si no estás familiarizado con esta marca o utilizas otra diferente, podrás obtener el tono deseado mezclando colores genéricos tal y como se explica en esta lista.

Colores SK*	Colores genéricos
Poppy (Rojo amapola)	Rojo + un toque de amarillo o naranja
Poinsettia (Rojo flor de Nochebuena)	Rojo + un toque de azul o violeta
Rose (Rosa)	Rosa
Fuchsia (Fucsia)	Rosa + un toque de violeta
Cyclamen (Rojo buganvilia)	Rojo + un toque de lila o violeta
Lilac (Lila)	Lila
Terracotta (Ladrillo)	Rojo + verde o marrón
Sunny Lime (Verde lima)	Amarillo + un toque de verde
Berberis (Naranja)	Naranja
Daffodil (Amarillo narciso)	Amarillo
Sunflower (Amarillo girasol)	Amarillo + un toque de rojo o naranja
Mint (Verde menta)	Verde
Vine (Verde parra)	Verde + un toque de amarillo
Dark Forest (Verde oscuro)	Verde + un toque de rojo o naranja + un toque de azul

Colores SK*	Colores genéricos
Holly/Ivy (Verde hiedra)	Verde + un toque de rojo o naranja
Olive (Verde oliva)	Verde + un toque de amarillo + un toque de naranja
Cream (Beige)	Blanco + un toque de amarillo + un toque de marrón
Edelweiss (Blanco)	Blanco
Jet Black (Negro)	Negro
Teddy Bear Brown (Café claro)	Marrón + un toque de amarillo
Bulrush (Café oscuro)	Marrón oscuro
Hydrangea (Azul hortensia)	Verde + un toque de azul
Bluegrass (Azul verdoso)	Verde + un toque de azul + un toque de amarillo
Hyacinth (Azul jacinto)	Azul
Gentian (Azul)	Azul
Bluebell, Wisteria (Azul oscuro)	Azul + un toque de violeta
Plum, Thrift, Violet (Violeta)	Violeta

Para conseguir un color beige claro para la piel se pueden utilizar cualquiera de las siguientes opciones:

Colores SK: pasta blanca + un toque de marrón claro (*Teddy Bear Brown*) o marrón castaño (*Chestnut*) **Colores genéricos:** pasta blanca + un toque de marrón + un toque de naranja o rojo.	**Colores SK:** pasta blanca + un toque de Rojo amapola (*Poppy*) + un toque de Amarillo girasol (*Sunflower*). **Colores genéricos:** pasta de azúcar blanca + un toque de amarillo + un toque de rojo.

Las instrucciones para colorear pastillaje, glaseado real y pasta para modelar pueden encontrarse en las páginas 26–31.
*Para hacer más fácil la identificación de los colores, en la lista de materiales comestibles al comienzo de cada proyecto se especifica primero el nombre del color en español y entre paréntesis su equivalencia en inglés según la marca Squires Kitchen.

TÉCNICAS PARA PINTAR Y COLOREAR

El número de efectos que se pueden crear con colorantes alimentarios es infinito. En este apartado se explican algunas de las técnicas que pueden ser utilizadas para dar vida a cualquier figura de azúcar.

Aerografiado

Para pintar con un aerógrafo se utilizan colorantes alimentarios líquidos. Si el color es demasiado intenso, diluirlo con unas gotas de agua fría previamente hervida. Colocar la pieza que se va a colorear sobre un papel y aerografiar a cierta distancia para que el color se reparta por toda la superficie de forma uniforme. Aplicar el color poco a poco en capas finas hasta obtener el tono deseado. Empezar siempre con colores claros e ir añadiendo capas si se quieren oscurecer. Si no se dispone de un aerógrafo, se puede crear un efecto similar siguiendo otras técnicas que se explican en esta página.

Técnica de salpicado

Esta técnica es muy recomendable si no se dispone de un aerógrafo. Para ponerla en práctica, diluir en un plato pequeño colorante alimentario líquido o en pasta con varias gotas de agua fría, previamente hervida. Utilizar un cepillo de dientes nuevo para salpicar la figura. No mojar el cepillo en exceso, de lo contrario el color no se repartirá de manera uniforme. Para aplicar el color, colocar el cepillo a unos centímetros del objeto y empujar las cerdas hacia atrás con el dedo pulgar. Esta técnica proporcionará a la figura una mayor textura. Además, se pueden lograr diferentes efectos alterando la consistencia del color. Por ejemplo, un color más aguado creará gotas más grandes mientras que si la consistencia es más espesa, las gotas serán finas.

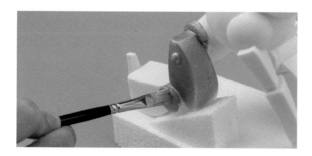

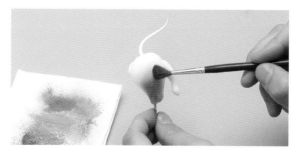

Colorantes metálicos

Verter un poco de colorante alimentario metálico en un plato pequeño y añadir unas gotas de alcohol no tóxico hasta conseguir la consistencia necesaria para poder pintar la figura de manera uniforme. Es posible que se tenga que aplicar más de una capa de color para lograr un buen acabado. Si es así, dejar que cada capa de pintura se seque por completo antes de aplicar la siguiente. Como el alcohol se evaporará rápido, habrá que añadir más cantidad.

Colorantes en polvo

Impregnar un pincel seco con colorante comestible en polvo y eliminar el exceso de color de las cerdas sobre un papel de cocina. De esta forma, se puede controlar mejor la cantidad de color que se aplica a la figura. Es recomendable mezclar el color en polvo con un poco de Maicena para que se extienda por toda la superficie de manera uniforme. Esta técnica se utiliza especialmente para colorear las mejillas de las figuras.

CÓMO TRANSPORTAR FIGURAS DE AZÚCAR

Es importante que las figuras sean transportadas de manera segura para que lleguen en perfecto estado al lugar donde se van a exponer. A continuación, se detallan una serie de consejos para evitar posibles daños cuando los trabajos tengan que ser transportados, especialmente largas distancias.

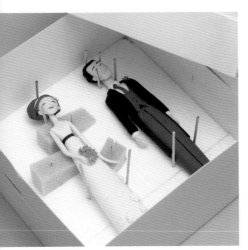

• Una vez la figura se ha secado por completo, colocarla en una caja con una pieza de unicel en el fondo. Clavar varios palillos de madera alrededor de la figura para evitar que se mueva.

• Dependiendo del tipo de figura que se vaya a transportar, es conveniente rellenar los espacios entre la base de unicel y la figura con algún material blando como esponja. Esto reducirá el riesgo de que se produzcan roturas, especialmente en las partes más frágiles como el cuello y los brazos. Es aconsejable estudiar previamente tanto la forma como las dimensiones para inmovilizarla de la mejor manera.

• Cuando se transportan figuras estilizadas y delgadas, es conveniente colocarlas acostadas sobre el unicel tal y como se muestra en la imagen.

• En el momento del armado, asegurar la figura al pastel, base de pastillaje o la base de unicel con un toque de glaseado real. Si la figura es alta y delgada, no retirar el palo interior que sujeta toda la estructura. Informar al destinatario de aquellas partes

no comestibles, tales como palos de brocheta o palillos con el fin de retirarlos antes de servir el pastel.

• Para sostener figuras delgadas, se recomienda el uso de una base de unicel cubierta con pasta de azúcar en lugar de colocar la figura directamente en el pastel. De este modo, el palo que las sujeta quedará clavado en la base y ayudará a mantener toda la estructura estable. Antes de servir el pastel, la base y la figura se deben retirar en una sola pieza.

• Es aconsejable hacer siempre piezas de sobra de aquellas partes que puedan romperse o dañarse con facilidad, tales como flores pequeñas.

• Estos consejos están pensados para el transporte de figuras finas y especialmente frágiles. Si no se necesita transportar el pastel o las figuras tienen una estructura más robusta, no será necesario tomar todas estas precauciones.

La elegante postura de esta grácil bailarina, de delicadas formas y largas piernas, captura el momento previo a su gran actuación.

BAILARINA

Materiales comestibles

Pastel redondo de 20.5cm de diámetro x 7cm de alto relleno y sellado (ver páginas 32– 34)

Pasta de azúcar/*fondant* extendida: 1kg rosa pastel y 150g blanco

Pasta de modelar: 200g beige claro para la piel, 50g de café claro, 100g de blanco

Colorante en pasta blanco

Colorante en polvo color durazno claro

Colorante comestible líquido café castaño y fucsia

50g de glasé real

Utensilios

Equipamiento básico (ver página 6)

Base de pastel redonda de 28cm de diámetro

Base fina de cartón redonda de 20cm de diámetro

Base redonda de unicel de 6cm de diámetro x 6cm de alto

Molde de cabeza de bailarina (ver página 44)

Estique de modelado con rueda marcadora

Estique para marcar nervaduras

Esponja para uso alimentario

Listones blancos de 15mm y 25mm de ancho

BASE DEL PASTEL

1 Extender 150g de pasta de azúcar blanca (o *fondant* extendido) de 3mm de grosor y cubrir la base. Utilizar un alisador para conseguir una superficie sin imperfecciones y uniforme. Recortar el exceso de pasta de los bordes con un cuchillo de hoja lisa.

2 Marcar líneas transversales como se muestra en la fotografía con la ayuda de un estique con rueda marcadora y una regla. Recortar el exceso de pasta de los bordes si fuera necesario. A continuación, pegar un listón blanco alrededor del borde de la base con pegamento de barra no tóxico y dejar secar.

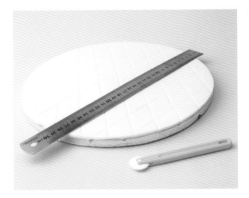

PASTEL Y BASE DE UNICEL

3 Colocar el pastel sobre una base de cartón del mismo diámetro y cubrir con pasta de azúcar de color rosa claro (ver página 34). Centrar y adherir el pastel a la base con un toque de glasé real y rematar con un listón de color blanco alrededor.

4 Pincelar la base de unicel con pegamento comestible. Espolvorear con azúcar glas la superficie de trabajo y extender 150g de pasta de azúcar rosa. Cubrir la base de unicel como si fuera un pastel con bordes redondeados, tal y como se detalla en la página 34. Finalizar pegando un listón de color blanco alrededor.

5 Rellenar un cucurucho o manga de papel con glasé real blanco a punto medio (ver página 8), cortar la punta y decorar la base de el pastel con pequeños puntos blancos en la interrsección de las

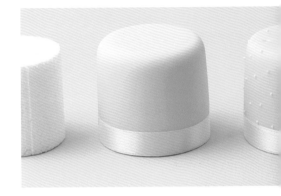

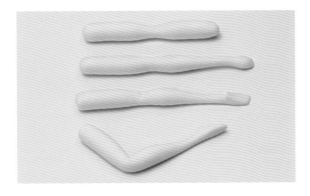

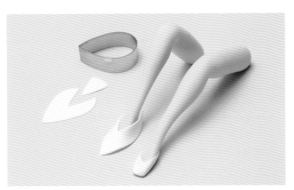

líneas. Adornar la base de unicel del mismo modo y dejar secar.

CONSEJO

Antes de comenzar a modelar la bailarina hay que tener en cuenta que las proporciones del cuerpo dependerán del tamaño del molde de la cabeza con el que se realizará la figura. Es recomendable hacer una cabeza de prueba y usarla como guía cuando se vaya a modelar el torso y las extremidades. En las páginas 42 y 43 se pueden encontrar consejos útiles sobre proporciones básicas.

PIERNAS

6 Hacer un rollo con pasta de modelar de color beige claro y afinar a la mitad para crear la parte posterior de la rodilla. Afinar un extremo en forma de cuello de botella para crear la pantorrilla y el tobillo dejando una pequeña porción de pasta al final. Sujetar dicha porción por los lados con los dedos índice y pulgar y empujar la pasta hacia arriba para crear el talón. A continuación, dar forma a la planta del pie alisando la parte opuesta del talón y cortar la punta en ángulo. Hacer la segunda pierna siguiendo los mismos pasos. Para doblar las piernas, presionar sobre la parte posterior de la rodilla con el filo de un estique y doblar la pasta hasta conseguir el ángulo requerido. Doblar la pierna derecha formando un ángulo recto y dejar la izquierda un poco menos doblada.

7 Dejar que las piernas tomen consistencia en una esponja sobre el lado de la pierna que no será visible en el momento del montaje de la figura.

ZAPATILLAS DE BALLET

8 Extender una capa fina de pasta de modelar blanca sobre una tabla antiadherente engrasada con un poco de margarina. Cortar dos piezas en forma de lágrima utilizando un cortador y a continuación hacer un corte en forma de V en el extremo redondeado. Humedecer la pasta con un poco de pegamento comestible y colocarlo sobre el pie como se muestra en la fotografía. Acomodar la pasta para que quede perfectamente adherida a la forma del pie. Recortar el exceso de pasta con ayuda de unas tijeras pequeñas y repetir la acción con el otro pie.

9 Para hacer las cintas de las zapatillas, cortar una tira fina de pasta de modelar blanca y pegarla a la pierna derecha como se ve en la fotografía final. Cortar otra tira igual y

pegarla en el extremo de la zapatilla del pie izquierdo dejando caer la cinta sobre el pastel en forma ondulada. Si se prefiere, este paso se puede hacer en el momento de colocar la bailarina encima del pastel.

CONSEJO

Es recomendable dejar secar las piernas sobre una esponja con la parte interior hacia abajo para evitar que se aplasten sobre uno de sus lados y pierdan la forma redondeada.

10 Ubicar las piernas sobre su base en la posición requerida y modelar un rollito de pasta de modelar blanco. Pegar las piernas y la base de unicel para crear y dar volumen a las caderas de la bailarina.

TUTÚ

11 Extender una capa fina de pasta de modelar blanca en una superficie antiadherente y cortar cinco círculos de 6cm de diámetro con un cortador redondo. Guardar en una bolsa hermética para evitar que se sequen. A continuación, ondular el borde de los círculos con ayuda de un estique para marcar nervaduras. Sobreponer y pegar cada círculo sobre las caderas con un poco de pegamento comestible para formar el tutú. Atravesar el tutú, las caderas y la base de unicel con un palillo para sujetar el torso más adelante.

CONSEJO

Es importante que el palillo sobresalga lo suficiente de las caderas para sostener el torso y la cabeza así como el resto de la figura. Este palillo deberá atravesar el torso por completo para evitar que el cuerpo ceda durante el transporte.

TORSO Y CUELLO

12 Modelar una bola pequeña (del mismo tamaño que la cabeza) de pasta de modelar blanca en forma de pera para crear el pecho y la cintura. Aplanar suavemente el pecho y cortar por el lado más ancho utilizando un cortador redondo de 3cm de diámetro para dar forma al escote. Hacer un corte recto por el lado más fino con un cuchillo afilado.

13 Para hacer el cuello, modelar un trozo de pasta de modelar beige claro en forma de botella y aplanar suavemente el lado más ancho.

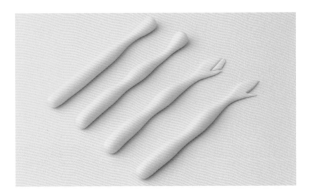

Recortar el exceso de pasta para formar los hombros y el cuello utilizando el mismo cortador redondo con el que se ha recortado el escote. Pegar ambas partes e insertar un palillo por el cuello. Dejar que la pieza tome consistencia y posteriormente enrollar sobre el palillo que sobresale de las caderas en el ángulo requerido. Dejar secar por completo.

BRAZOS

14 Modelar un rollo de pasta de modelar beige claro y dividir por la mitad. Afinar uno de los extremos de los rollitos para dar forma al antebrazo y la muñeca, dejando una pequeña porción de pasta al final para hacer la mano. Enseguida, aplanar dicha porción y hacer un corte en forma de V para crear el dedo pulgar. Recortar el resto en ángulo para dar forma a la mano. Repetir los pasos con el segundo brazo asegurándose de que el dedo pulgar de la otra mano queda en el lado opuesto.

15 Hacer una marca en la mitad del brazo con el reverso de la hoja de un cuchillo y doblar para formar el codo (esta marca se hará solamente en los brazos que se necesitan doblar, no cuando el brazo está extendido). Pegar los brazos al torso y sobre la pierna izquierda en la posición requerida.

CONSEJO

Si quieres dar forma a los dedos de la bailarina, marca tres hendiduras en la mano con el filo de un estique para cortar.

CABEZA

16 Hacer la cabeza con pasta de modelar beige claro utilizando el molde de Squires Kitchen u otro molde y seguir las instrucciones de la página 45. Insertar un palillo de madera de manera provisional en la parte inferior de la cabeza y dejar secar.

17 Una vez que la cabeza ha tomado consistencia, dar color a las mejillas con colorante alimentario en polvo durazno claro. Pintar las pestañas y las cejas con un pincel fino (n°00) y colorante alimentario líquido de color marrón castaño, o cualquier colorante en pasta marrón diluido en agua con consistencia de acuarela. Para crear una sombra ligera en los párpados, utilizar marrón castaño diluido en agua. Si fuera necesario, absorber el exceso de pintura con un pedacito de papel de cocina.

18 Para pintar los labios, utilizar un pincel fino y colorante alimentario líquido fucsia mezclado con colorante en pasta blanco para obtener un rosa claro. Dejar secar la cabeza por completo.

CONSEJO

Si no te sientes lo suficientemente seguro para trabajar con pinceles, puedes usar marcadores de tinta comestible de color rosa, negro o café.

 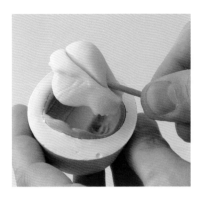 

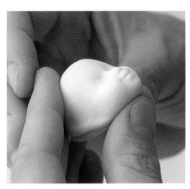 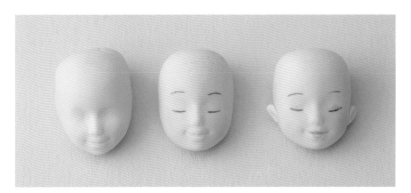

CABELLO

19 Modelar un trozo de pasta de modelar de color café claro en forma de bola, aplanar ligeramente y pegarla a la parte posterior de la cabeza con pegamento comestible. Llevar la pasta hasta la línea del nacimiento del cabello y hacia la parte posterior de las orejas presionando con la palma de la mano. Sujetar la cabeza por el palillo que se ha introducido previamente y darle textura al pelo presionando la pasta con el filo de un estique para modelar. A continuación, retirar el palillo de la cabeza e insertar en el palillo que sobresale del cuello. Colocar la cabeza ligeramente inclinada hacia un lado.

20 Para hacer el tocado del pelo, extender un trozo pequeño de pasta de modelar de color blanco y recortar un círculo de 1cm de diámetro. Ondular los bordes con ayuda de un palillo y pegar en la cabeza. Para el rodete, modelar un rollito de pasta de modelar café claro y enrollar sobre sí mismo en forma de espiral. Pegar al tocado con un poco de pegamento comestible.

MONTAJE

21 Pegar la base de unicel con la bailarina en el pastel con un toque de glasé real. Retirar la base en el momento de servir el pastel.

CAKE POPS

Un acompañante perfecto para nuestra bailarina, pueden ser estos sabrosos *cake pops* elaborados con galletas de vainilla o chocolate y crema de cacao (Nutella) o cajeta. Para darles un estilo acorde con el proyecto, cúbrelos con una capa de chocolate blanco tibio coloreado de rosa y decóralos con hilos de chocolate ayudándote de un cucurucho de papel. Como toque final, adorna cada *cake pop* con un tocado blanco similar al de la bailarina siguiendo las instrucciones detalladas en el paso 20 del proyecto y pégalo a la base del cake pop con un punto de glasé real.

Los bebés son una de las figuras más recurrentes para decorar pasteles en todo tipo de celebraciones, como nacimientos, bautismos y cumpleaños. Con este proyecto presento una de las maneras más simples para modelar un bebé y sus graciosas proporciones. Siguiendo esta técnica podremos realizar niños o niñas agregando detalles y cambiando colores.

BEBÉ

Materiales comestibles

Pastel redondo de 15cm de diámetro x 7cm de alto, relleno y sellado (ver páginas 32– 34)

750g de pasta de azúcar/*fondant* extendido de color azul claro o pasta blanca coloreada con un toque de colorante comestible en pasta azul

Pasta de modelar: 30g blanco, 5g negro, 300g beige claro, 50g café claro, 220g de blanco, 50g de verde olivo pastel

Colorantes comestibles en pasta: naranja, blanco, azul y verde olivo

Colorante comestible en polvo color durazno claro

Colorante comestible líquido café castaño

Utensilios

Equipamiento básico (ver página 6)

Base de pastel redonda de 23cm de diámetro

Base fina de cartón redonda de 15cm de diámetro

Cepillo nuevo de cerdas duras (para dar textura a la pasta)

Listón de color azul claro de 15mm de ancho

Base de unicel pequeña para soportar la figura

BASE DEL PASTEL

1 Extender 200g de pasta de azúcar de color azul claro hasta obtener una capa de 5mm de grosor para cubrir la base. Pasar un alisador sobre la pasta para conseguir una superficie completamente uniforme. Recortar el exceso de pasta de los bordes con un cuchillo de hoja lisa.

2 Pegar el listón de color azul claro en el contorno de la base con pegamento de barra no tóxico. A continuación, dar textura a la base presionando las cerdas de un cepillo sobre toda la superficie de la pasta y dejar secar.

CUERPO

3 Para hacer el cuerpo del bebé, modelar 80g–100g de pasta de modelar beige claro en forma de pera. Colocar el cuerpo sobre una base de unicel e insertar un palo de brocheta por el cuello hasta traspasar la base para que, una vez colocada la cabeza, ella se sostenga sin problemas. Esto ayudará también a colocar el resto de piezas de la figura.

4 Para el pañal, extender una pequeña cantidad de pasta de modelar blanca sobre una tabla antiadherente engrasada con margarina. Cortar una tira de pasta y plegar uno de sus lados. Humedecer la pasta con pegamento comestible y pegar alrededor de la base del cuerpo

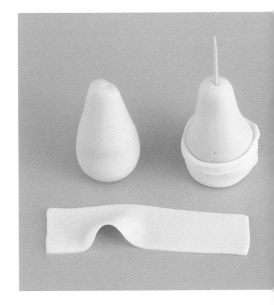

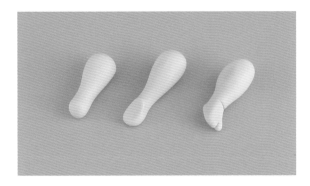

llevando los extremos hacia la parte posterior. Recortar el exceso de pasta de la unión con unas tijeras y crear más pliegues presionando la pasta con el mango de un pincel. Marcar el ombligo con la punta de un palillo y pintar los pezones con colorante alimentario líquido café castaño diluido con unas gotas de agua fría, previamente hervida. Dejar secar.

PIERNAS

5 Modelar un rollo con 30g de pasta de modelar beige claro y dividir por la mitad. Modelar cada pieza en forma de pera alargada y presionar la parte más estrecha con la punta del dedo para crear la planta del pie y el talón. Cortar en forma de V sobre el extremo más redondeado para dar forma al dedo gordo. A continuación, hacer tres marcas para crear el resto de dedos.

6 Dejar una de las piernas extendida y doblar la otra haciendo presión por la parte de atrás de la rodilla hasta conseguir el ángulo requerido. Pegar ambas piernas al cuerpo con pegamento comestible. Marcar algunos pliegues en el lugar donde se juntan las piernas con el pañal utilizando el mango de un pincel.

CABEZA

7 Para la cabeza, modelar con pasta de modelar una bola con 100g de pasta beige claro (ver consejo). Separar la frente de las mejillas rodando y presionando la bola de lado a lado sobre la mitad de la cara. Si en este punto la bola queda muy alargada y estrecha, presionarla suavemente por los extremos superior e inferior para recuperar la forma redondeada de la cabeza.

8 Una vez que se ha conseguido la forma deseada de la cabeza, clavarla ligeramente inlclinada en el palo que sobresale del cuello y pegar con pegamento comestible. Realizar los detalles de la cara una vez insertada en el cuerpo. De esta manera, se evitará deformar la parte trasera de la cabeza al apoyarla mientras se trabaja.

CONSEJO

Como las cabezas de los bebés suelen ser grandes, conviene agregar una pizca generosa de CMC al trozo de pasta utilizado para esta parte, amasar hasta integrar y utilizar en el momento. De esta forma la pasta tendrá firmeza y no perderá su forma al clavarla sobre el cuerpo.

9 Abrir la boca del bebé presionando la pasta con un bolillo pequeño en la parte inferior de la cara.

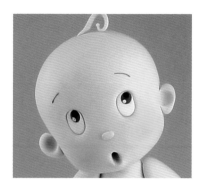

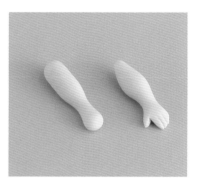

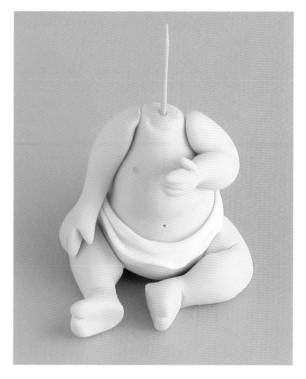

10 Para hacer la nariz, modelar un ovalo pequeño con pasta de modelar beige claro y pegarlo sobre la boca con pegamento comestible.

11 Abrir las cavidades de los ojos sobre la línea media de la cara con un bolillo pequeño, moviéndolo de arriba abajo para darles una forma ovalada. Al realizar este paso, sostener la cabeza por la parte trasera con la palma de la mano.

CONSEJO

Es importante ubicar los ojos sobre la línea media imaginaria que cruza la cara o por debajo de la misma para conseguir que nuestra figura tenga apariencia de bebé (ver consejos sobre proporciones en página 43).

12 Para hacer los ojos, modelar dos óvalos de pasta de modelar blanca y pegarlos en las cavidades intentando no rellenarlas en exceso. Utilizar un bolillo pequeño o el mango de un pincel para hacer el hueco donde se colocará la pupila.

13 Para la pupila, hacer dos bolitas de pasta de modelar café claro (o cualquier otro color) y pegarlas en los ojos con un poco de pegamento comestible. A continuación, dibujar la pupila utilizando un un pincel fino (n°0) con colorante líquido negro. Por último, pintar un punto de luz con colorante en pasta blanco para darle expresión a la mirada.

14 Utilizar colorante comestible líquido café castaño para pintar las cejas encima de los ojos con ayuda de un pincel fino. Dar un toque de color a las mejillas con colorante en polvo tono durazno claro.

15 Para hacer las orejas, abrir un agujero a cada lado de la cabeza con el mango de un pincel siguiendo la línea de los ojos. Modelar dos trozos pequeños de pasta de modelar beige claro en forma de lágrimas e insertarlas en cada agujero asegurandolas con pegamento. Presionarlas entre la yema de los dedos y presionar un bolillo para darle forma a las orejas.

16 Modelar un rollito con los extremos en punta y pegarlo sobre la cabeza para hacer el rizo del pelo. Dejar secar.

BRAZOS

17 Hacer un rollo con 20g–30g de pasta de modelar beige claro y dividir por la mitad. Afinar en un extremo para marcar la muñeca, dejando pasta suficiente en la punta

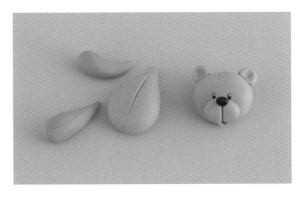

para crear la mano. Aplanar ligeramente la porción de pasta de la punta y hacer un corte en V a un lado para sacar el dedo pulgar. Luego, hacer tres hendiduras para marcar el resto de los dedos y hacer un pequeño corte con las tijeras para que el dedo índice quede hacia fuera.

18 Pegar los brazos a ambos lados del cuerpo como se muestra en la fotografía y recortar el exceso de pasta del hombro si fuera necesario.

OSITO DE PELUCHE

19 Modelar 30g de pasta café claro en forma de rollo y dividirlo por la mitad. Hacer una bola con una de las piezas y aplanarla ligeramente para dar forma a la cabeza.

Modelar la otra pieza en forma de lágrima para el cuerpo, aplanarla y hacer una línea central con un estique para marcar la costura.

20 Para hacer la boca del oso, modelar un trozo pequeño de pasta en forma de óvalo y pegarlo en la mitad inferior de la cabeza. Marcar una línea vertical con un estique para dividirlo en dos y abrir la boca con la punta de un palillo de madera.

21 Modelar un trozo pequeño de pasta de modelar negra en forma ovalada para hacer la nariz y pegar en la parte superior de la boca. Dibujar dos puntos encima de la boca utilizando un pincel fino (nº0) con colorante líquido negro para hacer los ojos. Dar color a las mejillas con un pincel seco y colorante en polvo durazno claro. Para las orejas, modelar dos bolas pequeñas, pegarlas sobre

la cabeza con pegamento comestible y presionar cada una de ellas con un bolillo pequeño para darles forma.

22 Para hacer las extremidades, modelar 20g de pasta de modelar café claro en forma de rollo y dividir en cuatro trozos; modelar cada uno de ellos en forma de lágrima.

23 Para finalizar, pegar todas las piezas directamente sobre el pastel en la posición requerida con pegamento comestible.

CONSEJO

Cuando se modelan ositos de peluche hay que asegurarse de ubicar los ojos justo encima de la boca y no sobre la frente.

PÁJARO DE PELUCHE

24 Modelar una bola con 50g de pasta de modelar verde olivo. Hacer un corte a cada lado con la punta de las tijeras para dar forma a las alas.

25 Para hacer el parche delantero, amasar una porción pequeña de pasta de modelar verde olivo con pasta blanca para conseguir un tono de verde más pálido. A continuación extender la pasta en una capa fina, cortar una lágrima y pegarla en la parte frontal con pegamento comestible. Marcar la costura en medio del cuerpo con un palillo de madera.

26 Colorear un poco de pasta de modelar blanca con colorante alimentario naranja. Modelar un cono para hacer el pico y pegarlo encima del parche. Para hacer los ojos, hacer dos bolas de pasta blanca y pegarlas encima del pico. Usar un marcador de tinta comestible de color negro para dibujar las pupilas haciendo un punto en medio de cada ojo.

27 Modelar un rollo fino de pasta verde claro y cortar en cinco partes iguales. Unir los cinco trozos por un extremo y pegarlos sobre la cabeza. Dejar secar.

PASTEL

28 Cubrir el pastel con pasta de azúcar el color azul claro tal y como se describe en la página 34. Colocar el pastel en el centro de la base y pegarla con un toque de glasé real. Rematarlo con un listón del mismo color pegándolo alrededor de su base con un toque e glasé real o pegamento comestible.

ALFOMBRA

29 Para hacer la alfombra redonda sobre la que se sienta el bebé, modelar 200g de pasta de azúcar blanca en forma de bola y aplanar con un alisador hasta obtener un círculo de aproximadamente 10cm de diámetro. Por otro lado, extender una capa fina de pasta de azúcar de color azul claro y recortar un círculo y un anillo utilizando cortadores redondos de diferentes tamaños. Pegar el círculo en el centro de la alfombra y el anillo a su alrededor. Presionar con un cepillo para que los dos colores se integren y dar textura a la pasta al mismo tiempo.

TOQUES FINALES

30 Colocar la alfombra encima del pastel ligeramente desplazada del centro. Retirar el bebé de la base de unicel y pegarlo sobre la alfombra con un punto de glasé real. Si es necesario, recortar el palo que se ha insertado previamente en el cuerpo en el momento de ubicar la figura sobre el pastel.

CONSEJO

Para transportar el pastel de forma segura es conveniente dejar el palo en el interior de la figura, pero asegúrate de informar al destinatario que debe retirar el palo antes de servir el pastel. Si lo prefieres, se puede extraer el palo con cuidado cuando la figura está completamente seca. De lo contrario, la cabeza podría caerse durante el transporte.

31 Colocar el osito de peluche a un lado de la alfombra y el pájaro en la base del pastel y pegar ambas figuras con un poco de glasé real. Cortar círculos pequeños de pasta de modelar blanca con cortadores redondos o bien con boquillas redondas de distintos tamaños y pegarlos por el pastel para decorar.

BOCADITOS DE MAZAPÁN

Para modelar estos pajaritos de mazapán, simplemente hay que seguir las instrucciones que se detallan en el proyecto del bebé. Estos *cake pops* se pueden colocar alrededor del pastel a modo de presentación y ofrecerse como regalo a los más pequeños. Si se le quiere dar sabor, añade pasta de pistache al mazapán. De este modo se obtendrá también un color verde sin necesidad de utilizar colorante.

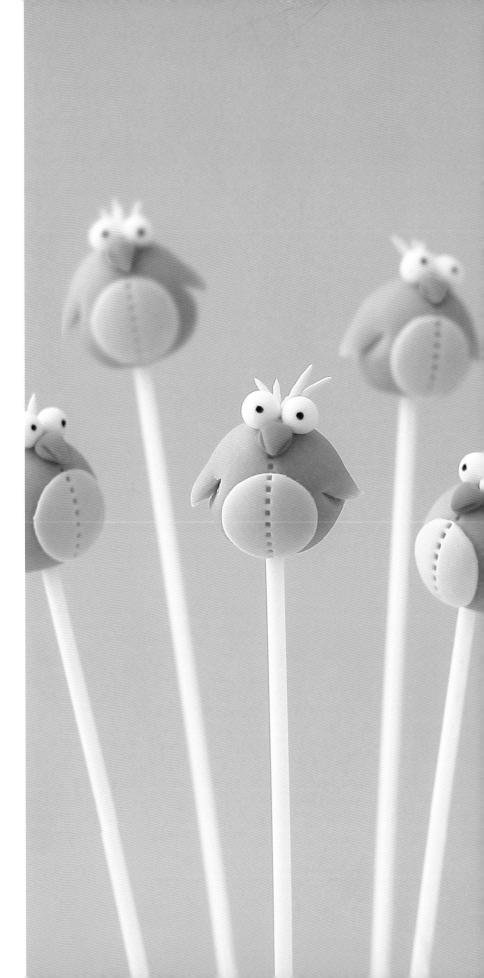

La elección del color juega un papel importante en el modelado de figuras de azúcar. El rojo sería el color que instintivamente hubiéramos elegido para este proyecto, pero Elio y yo quisimos utilizar diferentes tonos de azul para conseguir una imagen de nuestra reina más fresca y original. En este caso, el rojo se ha utilizado sólo para destacar el corazón del cetro.

REINA DE CORAZONES

Materiales Comestibles

Torta redonda de 20cm de diámetro x 14cm de alto (ver foto de la forma de la falda como referencia) rellena y con la miga sellada (ver páginas 32–34)

1,3kg pasta de azúcar/*fondant* extendido de color blanco

Pasta de modelar: 150g de beige claro y 100g de blanco

Colorantes comestibles en pasta: blanco, azul hortensia, rojo amapola, marrón claro, naranja terracota y verde parra

Colorante comestible en polvo color durazno claro

Colorante comestible en polvo metálico tono oro antiguo

Colorantes comestibles líquidos: morado oscuro, rojo amapola y marrón claro

150g de glasé real

CMC, una pizca

Malvaviscos (*marshmallows*)

Utensilios

Equipamiento básico (ver página 6)

Base de torta redonda de 25cm de diámetro

Base fina de cartón redonda de 20cm de diámetro

Cortantes en forma de corazón de tres tamaños diferentes

Esteca para dar textura a la pasta en forma de concha

Boquillas de manga pastelera (números 1, 2 y 10)

Cinta de color azul claro de 15mm de ancho

Plantillas (ver página 182)

Algodón

BASE DE LA TORTA

1   Colorear 200g de pasta de azúcar azul hortensia claro, extender hasta alcanzar un grosor de 3mm y cubrir la base de la torta. A continuación, pasar un alisador sobre la superficie para eliminar cualquier imperfección y recortar el exceso de los bordes con un cuchillo de hoja lisa. Pegar una cinta de color azul claro en el contorno de la base con un pegamento de barra no tóxico y dejar secar.

CONSEJO

Es conveniente hacer las siguientes piezas de la figura con antelación para dejar suficiente tiempo de secado.

ENCAJE

2   Untar ligeramente la tabla anthihaderente con manteca vegetal y extender una capa fina de pasta de modelar blanca. Recortar la forma del cuello usando la plantilla de la página 182 con un cuchillo afilado. Para conseguir un corte limpio, adherir la pasta a la superficie. Cortar los círculos pequeños del borde del encaje con ayuda de una boquilla redonda de 1cm. Utilizar boquillas de los números 1 y 2 para crear el resto del diseño. Dejar secar el encaje sobre dos trozos de algodón por los lados como se muestra en la fotografía para conseguir la curvatura deseada.

CONSEJO

Recomiendo hacer dos encajes en caso de que uno de ellos se rompa durante el proceso de armado de figura. ¡Sólo se tarda unos minutos más en hacerlos y te evitará dolores de cabeza después!

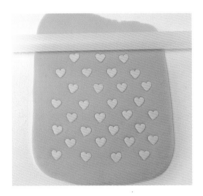

CORONA

3 Modelar 20g de pasta de modelar blanca en forma de cono. Hacer presión con un bolillo pequeño en la base del cono para ahuecarlo y afinar el borde del mismo. A continuación, realizar cortes en forma de picos con unas tijeras. Decorar cada pico con pequeños puntos de glasé real blanco y dejar que la pieza tome consistencia. Pintar la corona con colorante comestible en polvo de color oro antiguo diluido en alcohol. Dejar secar.

CETRO EN FORMA DE CORAZÓN

4 Para hacer el cetro, cortar un palo de brochette de madera de 11cm. Por otra parte, modelar una bola pequeña de pasta de azúcar de color marrón claro y enhebrarla en el palo previamente humedecido con pegamento comestible. Hacer rodar la bola junto con el palo sobre la superficie de trabajo para afinarla y extenderla sobre la totalidad del palo de brochette. Retirar el exceso de pasta de los extremos si fuera necesario y dejar una pequeña parte del palo al descubierto. Dejar secar.

5 Para el corazón, modelar 30g de pasta de modelar rojo amapola en forma de lágrima utilizando la plantilla como referencia. Hacer una hendidura sobre la parte redondeada con el mango de un cuchillo para darle forma de corazón. Decorar el corazón con arabescos y puntos utilizando un cartucho y glasé real blanco de consistencia media. Una vez seco, pintar las líneas y los puntos con colorante en polvo de color oro diluido con algunas gotas de alcohol. Para terminar el cetro, modelar una bola pequeña de pasta de modelar rojo amapola e insertarla en la porción del palo que está al descubierto. Acto seguido, insertar también el corazón y asegurarlo con un poco de pegamento comestible a la bola pequeña.

Nota importante: Avisar siempre al destinatario si existen partes de la figura no comestibles para poder retirarlas antes de servir.

TORTA

6 Pegar la torta a la base con un toque de glasé real.

7 Para hacer la parte central del vestido, extender una capa de pasta de azúcar verde parra con un grosor de 5mm. A continuación, cubrir la pasta con film transparente ligeramente engrasado con manteca vegetal a fin de mantener la pasta hidratada mientras se recortan los corazones para el estampado.

8 Extender una capa de 2mm de grosor de pasta de azúcar de color verde parra claro en una superficie antiadherente y recortar pequeños trozos en forma de corazón. Colocarlos y pegarlos sobre la capa verde oscura disponiéndolos en filas alternas. A continuación, presionar ligeramente con un rodillo para que los corazones se fusionen con la pasta. Finalmente, cortar la pasta en forma triangular y adherirla a la parte delantera de la torta presionando con la palma de la mano.

CONSEJO

La pasta de azúcar utilizada para hacer el estampado del vestido debe estar lo suficientemente húmeda y maleable; si de lo contrario está muy seca y dura, el diseño a estampar no se integrará correctamente a la otra capa de pasta.

9 Para completar el resto de la falda extender pasta de azúcar de color azul hortensia hasta conseguir un grosor de 5mm. Cubrir el resto de la torta desde la parte posterior hacia el frente, alisando y eliminando los pliegues, especialmente en la parte superior. Recortar el exceso de pasta con un cuchillo afilado. Amasar los recortes de pasta con una pizca extra de CMC para darle mayor consistencia y resevar para modelar el torso y mangas a continuación.

10 Modelar un trozo de pasta de color azul hortensia en forma de bola y pegarla encima de la falda con pegamento comestible. Presionar para aplanar la bola ligeramente.

11 Para el cuello del vestido, extender pasta de modelar verde parra de 3mm de grosor y recortar un círculo de 3cm de diámetro. Pegar dicho círculo en la parte superior

del torso con pegamento comestible y presionar la pasta con cortantes invertidos de inferior diámetro para dar textura. Para finalizar, modelar un rollito de color verde parra claro y pegarlo alrededor del cuello del vestido.

12 Para hacer los bordes del vestido, modelar dos rollos de pasta de azúcar blanca cuyo grosor se vaya afinando hacia uno de los extremos. Empezar a pegar por el extremo más estrecho de cada uno de los rollos desde el torso hacia abajo, cubriendo la unión de la parte central del vestido con la parte externa del mismo, siguiendo por la unión entre el vestido y la base de la torta. Recortar el exceso de pasta en el punto de encuentro de ambos extremos. A continuación, aplicar una capa de glasé real blanco de consistencia media con un pincel. Con ayuda de un pincel plano de cerdas duras, puntear el glasé real para dar textura y conseguir el efecto de piel en el borde blanco del vestido.

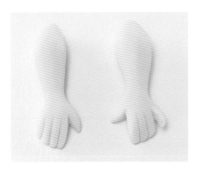

13 Hacer varias bolas pequeñas de pasta de azúcar de color azul hortensia y pegarlas a la tira blanca del vestido. Para rematar la parte delantera, modelar un trozo de pasta de modelar verde parra claro en forma de rollo y pegar con pegamento comestible. Presionar con la esteca en forma de concha para dar textura tal y como se muestra en la fotografía.

14 Para hacer los corazones que decoran el vestido, se necesitan tres tamaños de cortantes; pequeño, mediano y grande y dos tonos de pasta de color azul hortensia (para lograr los dos tonos, mezclar la pasta sobrante del vestido con pasta de modelar blanca). Extender una capa fina de la tonalidad más oscura y cortar corazones grandes y medianos. Pegar los corazones grandes, en forma alineada, alrededor de la parte inferior del vestido e intercalar los medianos por encima de los anteriores.

15 Cortar corazones pequeños utilizando la pasta más clara y pegarlos sobre los corazones grandes. Para completar el diseño, agregar puntos de glasé real azul hortensia (ver fotografía superior).

BRAZOS

16 Para hacer las mangas, modelar un rollo de pasta azul hortensia y dividirlo por la mitad. A continuación, modelar cada una de las partes en forma de cono grueso. Abrir la base de ambos conos con un bolillo mediano para formar las mangas y pegarlas al torso en la posición requerida.

17 Modelar un trozo de pasta de modelar beige claro en forma de rollo y dividir por la mitad para hacer los brazos. Afinar un extremo de cada rollo para dar forma a la muñeca, dejando una pequeña porción de pasta al final para crear la mano. Aplanar ligeramente dicha porción y hacer un corte en forma de V para sacar el dedo pulgar. Marcar los dedos restantes con una esteca. Para dar más gracia a la mano y movimiento a la figura, levantar el dedo meñique ligeramente tal y como se muestra en la imagen. Dejar que los brazos tomen consistencia y

pegar a las mangas con un toque de pasta blanda.

CABEZA

18 Modelar un trozo de pasta de modelar beige claro en forma de pera redondeada. Para hacer los ojos, dibujar dos puntos en la mitad superior de la cara con un pincel fino y colorante comestible líquido morado oscuro. Pintar dos puntos diminutos de colorante en pasta blanco sobre los ojos para dar brillo a la mirada.

CONSEJO

Si lo prefieres, también se puede añadir el brillo de los ojos con la punta de un palillo humedecido en una gota de colorante comestible en pasta de color blanco.

19 Para hacer la nariz, modelar una porción muy pequeña de pasta de modelar beige claro en forma ovalada y pegar debajo de los ojos. Abrir las fosas nasales con la punta de un palillo. Pintar los labios con un pincel fino y colorante comestible líquido rojo amapola. Dar rubor a las mejillas utilizando un pincel con colorante en polvo durazno claro.

20 Para las orejas, hacer un agujero a cada lado de la cabeza siguiendo la línea de los ojos. Modelar dos porciones pequeñas de pasta de color beige claro en forma de lágrimas y pegarlas en los agujeros con pegamento comestible. Presionar con un bolillo pequeño para darles forma. Pintar dos líneas finas encima de los ojos para marcar las cejas utilizando colorante comestible líquido marrón claro y un pincel fino. Dejar que la cabeza tome consistencia.

PELO

21 Para dar volumen al pelo y evitar añadir peso extra a la figura, pegar dos trozos de nube (*marshmallows*) encima de la cabeza con glasé real de consistencia firme y dejar secar. A continuación, clavar la cabeza al torso.

22 Colorear 50g de glasé real con colorante comestible naranja terracota para hacer el pelo. Rellenar un cartucho de papel y cortar la punta o colocar una boquilla redonda número 2. Aplicar el glasé ejerciendo una fuerte presión sobre el cartucho para crear el efecto de pelo rizado y cubrir la superficie de la nube. Intentar dar forma de corazón al pelo mientras se aplica el glasé. Para terminar, colocar la corona en el centro del pelo antes de que el glasé se seque por completo.

TOQUES FINALES

23 Pegar el cetro a la mano izquierda en la posición requerida con un punto de pasta de modelar blanda. Pegar el encaje a la parte posterior de la cabeza con glasé real blanco de consistencia firme (esta pieza se sostiene fácilmente ya que es muy ligera). Si es necesario, sujetar la pieza con palos de brocheta durante el proceso de secado. Por último, decorar el pelo con pequeñas bolitas de pasta de modelar naranja terracota y rojo amapola, como se puede apreciar en la foto principal.

CORAZONES DE GALLETA

Si quieres organizar una merienda a la altura de una reina, hornea galletas con forma de corazón para tus invitados. Bordea el contorno con glasé real blanco de consistencia media utilizando un cartucho con una boquilla redonda lisa número 2. Deja secar el glasé unos minutos.

Cubre la superficie de las galletas con glasé fluido teñido con cualquiera de los colores que se hayan utilizado en la figura central. Para los corazones con lunares, haz puntos de glasé fluido blanco sobre la primera capa de glasé, aún húmeda, para que los colores se integren.

Para los corazones rojos o blancos, deja secar la primera capa de glasé fluido. Utiliza un cartucho con una boquilla número 1 y glasé real blanco de consistencia media para decorar la galleta con líneas arabescas en forma de corazón en la superficie y puntos en el contorno para hacer la puntilla. Deja secar las galletas por completo antes de envolverlas en papel celofán o guardarlas en una caja para su presentación.

Recuerdo haber pasado mi niñez viendo películas de ciencia ficción, donde los robots y criaturas de otros planetas eran los protagonistas. Estos personajes me inspiraron a crear mi propio robot: amenazador, desafiante y con cierta apariencia humana. Usé el boceto original como referencia pero, al momento de hacer la figura de azúcar, cambié las distintas partes del cuerpo. La técnica de ensamblaje con alambre que he desarrollado para construir el personaje, puede servirte para crear tus personajes.

ROBOT

Materiales comestibles

Pastel redondo de 15cm de diámetro ligeramente inclinado, relleno y con el migajón sellado (fver páginas 32–34)

700g de pasta de azúcar/*fondant* extendido de color blanco

1kg de pastillaje

Pasta de modelar: una cantidad pequeña negra y 110g blanca

Colorante comestible metálico en polvo color plata

Colorantes comestibles líquidos: azul, azul hortensia y lila

100g de glasé real

Utensilios

Equipamiento básico (ver página 6)

Base de pastel redonda de 25cm de diámetro

2 bases finas de cartón redondas de 15cm de diámetro

Base fina de cartón de 20cm de diámetro

Palitos de plástico de 3cm, 1cm, 5mm, 3mm (si no se encuentran palitos de 3cm se pueden apilar 3 de 1cm juntos para conseguir la altura requerida)

Esfera de unicel de 6cm de diámetro

Alambre floral blanco, calibre 22

Perforador fino de metal (para perforar el pastillaje)

Cartulina para hacer el cilindro de la cadera

Listón negro de 15mm de ancho

Plantillas (ver páginas 182–183)

BASE DEL PASTEL

1 Extender 150g de pasta de azúcar blanca con un grosor de 3mm y cubrir la base del pastel. Pasar un alisador para conseguir una superficie uniforme. Recortar el exceso de pasta de los bordes con un cuchillo de hoja lisa. A continuación, pegar el listón negro alrededor del contorno de la base con pegamento de barra no tóxico y dejar secar.

2 Pegar el pastel en una base fina de cartón del mismo tamaño y cubrirlo con pasta de azúcar blanca (ver página 34). Pincelar con una capa de colorante comestible metálico en polvo de color plata diluido con unas gotas de alcohol. Pegar el pastel al cartón en el centro de la base con un toque de glasé real y rematar con un listón negro alrededor del contorno de la base. Introducir palitos de plástico en el interior del pastel para evitar que la figura se hunda (ver página 38).

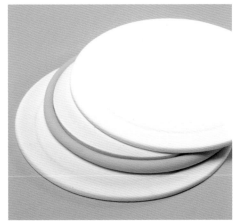

BASE DE PASTILLAJE

3 Extender una capa de pastillaje de color blanco de 5mm de grosor y cortar dos círculos de 20cm de diámetro utilizando una base de cartón como guía. Usar un cuchillo afilado para hacer un corte limpio. Marcar el círculo interior de la base presionando la pasta con un cortador redondo (o el borde de un bol) de 16cm de diámetro sobre la pasta aún blanda y dejar secar. Extender más pastillaje blanco de 1cm de grosor y cortar otro círculo de 10cm de diámetro usando una plantilla de papel como guía y dejar secar. Por último, extender una capa

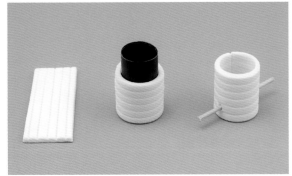

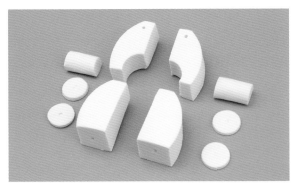

fina de pasta de modelar negra, cortar dos tiras curvas y pegar sobre la base de pastillaje con pegamento comestible.

Montaje

4 Pegar el círculo de pastillaje de 10cm en el centro de la base de 20cm con glasé real. Modelar un trozo de pasta azul hortensia en forma de rollo y pegarlo alrededor del disco de pastillaje de 10cm con pegamento comestible. Pegar la otra pieza de pastillaje de 20cm encima con glasé real y dejar secar.

CONSEJO

Para hacer la base más ligera, reemplaza la base de pastillaje de 10cm por una base redonda de unicel de la misma medida y espesor.

ROBOT

Torso

5 Pincelar la superficie de una esfera de unicel con glasé real de consistencia media para adherir la capa de pastillaje. Extender una capa de pastillaje blanco de 3mm de grosor y cubrir la esfera. Llevar el pastillaje sobrante de los laterales hacia la parte inferior de la esfera y cortar el exceso de pasta con un cuchillo. Alisar la unión rodando la esfera entre las manos y dejar secar.

Caderas

6 Extender pastillaje blanco con un grosor de 5mm y cortar un rectángulo utilizando la plantilla de la página 183. Marcar líneas a lo largo del rectángulo y enrollarlo alrededor de un cilindro de cartón de 3cm de diámetro. Dejar que la pasta se seque durante 30 minutos y retirar el cilindro.

7 Introducir un palo de brocheta en el extremo inferior y crear un orificio para insertar las piernas más adelante. No retirar el palo hasta que la pieza no se seque por completo. Una vez que el torso y las caderas están secos, pegar ambas partes con glasé real y dejar secar por completo.

Piernas

8 Extender una porción de pastillaje blanco de 3cm de grosor y cortar las partes superiores e inferiores de las piernas utilizando las plantillas. Para conseguir un corte limpio, utilizar un cuchillo afilado para los bordes rectos y cortadores redondos para los curvos. Atravesar el extremo superior

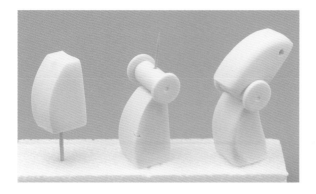

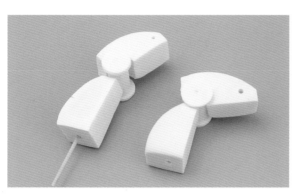

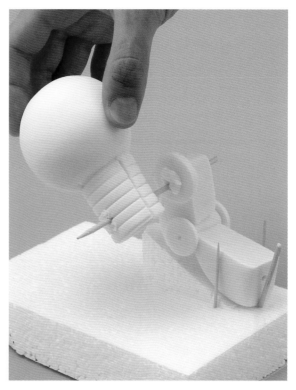

de las piernas con un palo de brocheta para hacer un agujero, por el cual se ensamblará la cadera más adelante. Para hacer la rodilla, modelar un rollo de pastillaje de 2cm de grosor y 3cm de largo.

9 Extender otra pieza de pastillaje blanco de 3mm de grosor y cortar cuatro círculos de 2.5cm de diámetro utilizando un cortador redondo. Marcar el centro de cada círculo con la punta del mango de un pincel mientras la pasta está blanda. Dejar secar todas las piezas.

Ensamblaje de la pierna izquierda

10 Insertar un palo de brocheta por la parte inferior de la pierna y clavarla en una base de unicel para trabajar mejor. Pegar la rodilla con pastillaje blando e insertar un palillo a través de la misma dejando parte

del palillo al descubierto. Pegar los círculos a ambos lados de la rodilla con pastillaje blando. A continuación, insertar la parte superior de la pierna en el palillo y pegarla en un ángulo de 145° aproximadamente. Sostener la pierna con pedazos de unicel y dejar secar.

Ensamblaje de la pierna derecha

11 Repetir el mismo proceso explicado en la pierna izquierda, pero esta vez pegar la parte superior de la pierna derecha formando un ángulo de cerca de 90°.

Unión del torso con las piernas

12 Colocar la pierna derecha sobre una pieza de unicel en forma de cuña, como se muestra en la imagen superior, y asegurarla con palillos para evitar que se mueva

hacia los lados. Cortar dos círculos de pastillaje y pegarlos, aún frescos, en la parte interior de cada pierna. Pasar un palo de brocheta a través de la pierna derecha y la cadera y pegar las piezas entre sí con un cucurucho de papel y pastillaje blando (ver página 8). Los círculos de pastillaje actuarán como colchón y ayudarán a que las piernas se adhieran a la cadera fácilmente. Para terminar, unir la pierna izquierda en el palo de la cadera y pegar con pastillaje blando.

13 Inclinar el torso hacia delante, apoyado sobre la pierna izquierda, la cual soportará el peso del mismo. Dejar secar la estructura por completo y cortar los palos que sobresalgan por los lados de las piernas con unas pinzas. Cubrir los extremos de cada palo con una bola pequeña de pastillaje y pegar con pegamento comestible.

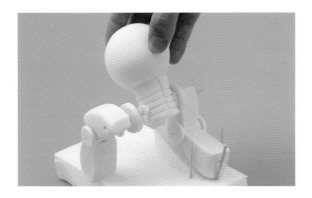 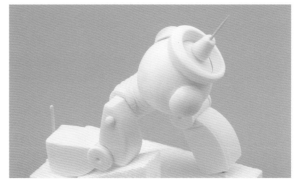

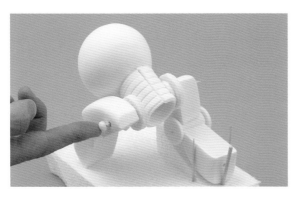 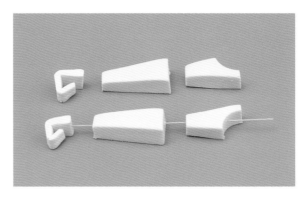

Hombros

14 Modelar dos semiesferas de pastillaje de 3cm de diámetro y dejar que adquieran consistencia. Pegar a cada lado del torso con pastillaje blando.

Collarín

15 Extender una porción de pastillaje de 1.5cm de grosor y cortar un anillo con cortadores de 5 y 3.5cm de diámetro. Pellizcar un lado para darle forma de lágrima y pegar al torso con pegamento comestible.

Cuello

16 Modelar un trozo de pastillaje en forma de cono y recortar los extremos. Calentar un alambre de metal fino e insertarlo en el torso para hacer un orificio. Introducir un palillo a través del cuello por el agujero del torso y asegurar con pastillaje blando. Dejar secar.

Brazos y manos

17 Extender una capa de pastillaje de 1.5cm de grosor para hacer los brazos y cortar cada una de las partes utilizando las plantillas como guía. Para las manos, extender pastillaje a 3mm de grosor y cortar en forma de trapecio siguiendo la plantilla.

Marcar una línea vertical por un lado y hacer otras dos marcas horizontales por el opuesto para doblar la mano como se ve en la fotografía.

18 Una vez que las piezas están lo suficientemente sólidas como para trabajar con ellas, introducir un trozo de alambre por el centro de cada una de las partes. Este alambre se coloca de manera temporal para hacer los agujeros necesarios para el ensamblaje final. No pegar las piezas entre sí en este paso.

Ensamblaje del brazo derecho

19 Insertar un alambre por el hombro derecho (el cual debería estar blando por dentro; de lo contrario, hacer el agujero con unalambre grueso caliente). Unir el brazo y pegarlo al hombro. Repetir la operación con el antebrazo y pegarlo al brazo.

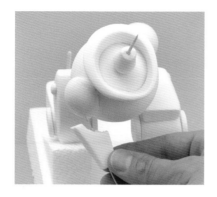 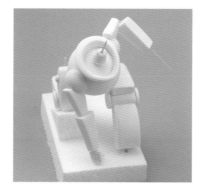 

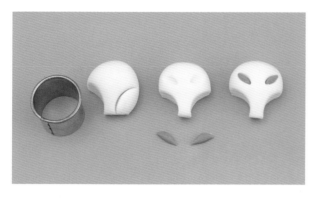 

NOTA IMPORTANTE

El alambre floral no se utiliza
habitualmente para sujetar figuras de
azúcar debido a que no es comestible
y a que su uso conlleva un posible
riesgo de asfixia. Este modelado es una
excepción ya que está elaborado con
pastillaje, material que queda muy duro
al secarse y, por lo tanto, no es apto
para su consumo. Por este motivo, es
necesario informar al destinatario que
la figura del robot no es comestible y
debe retirarse antes de servir el pastel.
El alambre nunca se deberá insertar
dentro de un pastel o figura que se
vaya a consumir. Si es necesaria una
sujeción interna, se recomienda utilizar
palillos de madera ya que son más
adecuados para entrar en contacto con
comida (aunque también es necesario
avisar al destinatario de su uso).

Ensamblaje del brazo izquerdo

20 Introducir un trozo de alambre
por el hombro izquierdo. Unir
el brazo y pegar con pastillaje blando.
Dejar secar completamente antes de
pegar el antebrazo.

21 Doblar el alambre a la altura
del codo y unir el antebrazo al
alambre. Pegar las dos piezas con una
cantidad pequeña de pastillaje fresco.
Esperar hasta que, tanto el brazo como
el antebrazo, estén completamente
secos antes de unir y pegar la mano.

Cabeza

22 Modelar una bola de pastillaje
de aproximadamente 4cm de
diámetro y aplanarla ligeramente. Cortar
los lados de la cara con un cortador
circular de 3cm, como se muestra en
la imagen. Marcar las cuencas de los
ojos con un estique curvo sobre la mitad
superior de la cara. A continuación,
modelar dos lágrimas pequeñas con
pasta de modelar azul y pegarlas en las
cuencas de los ojos con pegamento
comestible. Dejar que toda la pieza de la
cabeza adquiera consistencia.

23 Introducir y colocar la cabeza
por el palillo que sobresale del
cuello en la posición requerida para que
el robot tenga una apariencia desafiante.

CONSEJO

Con esta técnica de ensamblaje es más fácil sujetar las diferentes partes de la
figura ya que el alambre nos permitirá articular las piezas en la postura requerida.

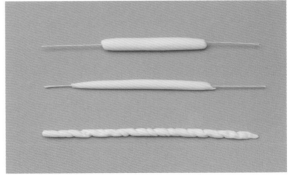

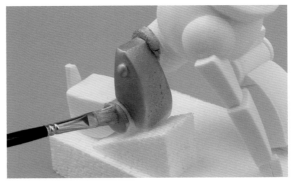

Como toque final, pegar una tira fina de pastillaje sobre la cabeza y frente.

Pies

24 Extender un trozo de pastillaje en forma de cuña, dejando que la parte más ancha tenga 1.5cm de grosor. Ubicar la plantilla haciendo coincidir el extremo del talón con la parte más fina de la cuña y cortar el pie.

LANZA

25 Cortar un trozo de alambre floral de 12cm de largo. Por otro lado, modelar un rollito de pastillaje y unirlo al alambre previamente humedecido con pegamento comestible. Rodar la pasta para afinarla e ir cubriendo el alambre. Recortar el exceso de pasta de los extremos y hacer marcas en la lanza con un palillo para dar textura a la pasta.

Pegar a la mano izquierda cuando esté completamente seco.

PINTURA

26 Pintar la figura con colorante comestible en polvo metálico de color plata diluido en unas gotas de alcohol. Aplicar una segunda capa de colorante comestible líquido lila para oscurecer rodillas, codos, caderas, lanza y pies.

MONTAJE

27 Pegar los pies del robot a la base de pastillaje con un toque de pastillaje blando. Dejar secar por completo.

28 Para el transporte, colocar el robot junto con la base de pastillaje dentro de una caja separada

y con un bloque de unicel en el fondo. Clavar varios palos de brocheta en el unicel alrededor de la figura para evitar que se mueva. Una vez que el pastel ha sido colocado en la mesa de presentación, pegar la base de pastillaje con el robot en la parte superior del pastel con un toque de glasé real.

CONSEJO

El pastillaje se seca muy rápido y es posible que aparezcan grietas cuando se trabaja con el mismo. Para evitarlas, amasa el pastillaje con un poco de manteca vegetal. No obstante, en este caso, las grietas que puedan quedar en la masa darán al robot un aspecto desgastado y oxidado. Pinta las grietas con colorante líquido lila para resaltarlas.

CABEZAS DE ROBOT

Para realizar estas cabezas de robot hornea semiesferas de bizcochuelo de 6cm de diámetro utilizando cualquiera de las recetas explicadas en las páginas 9-14. Una vez que estos *mini cakes* se han enfriado, utiliza un cortador redondo de 2cm de diámetro para recortar los lados del bizcocho en forma de calavera. Sella el migajón con una capa de *ganache* de chocolate o crema de mantequilla y deja enfriar en el congelador un par de horas antes de aplicar la cobertura.

A continuación, pega los *mini cakes* en bases redondas de cartón, un poco más grandes que las cabezas. Cubre conjuntamente el bizcochuelo y su base con pasta de azúcar blanca y acomoda la pasta para darle forma. Recorta el exceso de pasta de los bordes de la base con un cortador redondo del mismo diámetro para conseguir un acabado limpio. Presiona la pasta con un cortador redondo invertido para dar textura y resaltar la mandíbula del robot. Termina la cabeza pegando una tira de pasta en la parte superior.

Marca las cuencas de los ojos con un estique curvo. Pinta toda la superficie con colorante comestible en polvo metálico de color plata diluido en alcohol. Destaca ciertas áreas con colorante comestible líquido lila. Rellena las cuencas de los ojos con pasta de azúcar de color azul. Si quieres darle un aspecto más tosco y desgastado, puedes hacer marcas aleatorias en la pasta con el filo de un cuchillo o con las cerdas de un cepillo.

Cuando decidí incluir un hada entre los diseños del libro, Elio se inspiró en la naturaleza para crear a Flora, la protagonista de este proyecto.

FLORA, EL HADA DEL BOSQUE

Materiales comestibles

Pastel enrollado de 12cm de diámetro x 10cm de alto relleno de cajeta, *ganache* o crema de mantequilla (ver receta en página 12)

Trozos de malvavisco (ver receta en página 23)

Pasta de azúcar/*fondant* extendido: 500g blanco, 200g blanco coloreado con amarillo narciso claro y un toque de colorante comestible en pasta café claro

Pasta de modelar: 110g blanco y 250g blanco coloreado con un toque de colorante comestible en pasta de color verde lima

Colorantes comestibles en pasta: amarillo narciso, blanco, verde oliva, verde lima y café claro

Colorantes comestibles en polvo: amarillo narciso y verde pastel

Colorantes comestibles líquidos: morado oscuro, café oscuro, café castaño, amarillo narciso y verde hiedra

100g de glasé real

Una porción pequeña de papel de arroz (para hacer las alas)

Utensilios

Equipamiento básico (ver página 6)

Base de pastel redonda de 28cm de diámetro

2 bases finas de cartón redondas de 15cm de diámetro

Molde de cabeza de hada de la gama Great Impressions de SK o molde de cualquier otra cabeza a elección (ver página 44)

Cortadores en forma de flor

Boquilla para manga pastelera con pico rizado

Cepillo nuevo de cerdas duras (para dar textura a la pasta)

Aerógrafo (o cepillo de dientes)

Listón verde musgo de 15mm de ancho

Plantilla para las alas (ver página 183)

CMC (cantidad extra)

CONSEJO

Antes de empezar a modelar el hada, recuerda que las proporciones del cuerpo dependerán del tamaño del molde de la cabeza que se use. Puedes encontrar las indicaciones sobre proporciones en las páginas 42–43.

CABEZA

1 Utilizar pasta de modelar verde lima claro para hacer la cabeza con el molde (ver instrucciones en la página 45).

2 Una vez que la cabeza está hecha y la pasta todavía blanda, ejercer presión con un bolillo de tamaño mediano para marcar las cuencas de los ojos. Retocar la línea de la mandíbula alisando la pasta con los dedos pulgares.

3 Para hacer los ojos, modelar dos bolas pequeñas de pasta de modelar blanca y pegar en las cuencas con pegamento comestible. A continuación, presionar la pasta en la mitad superior del ojo con un bolillo pequeño para marcar la cavidad donde se colocará el iris; la ubicación del iris dependerá de la dirección hacia donde se quiere que el hada mire.

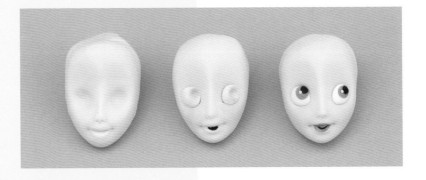

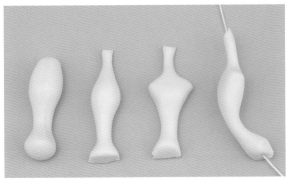

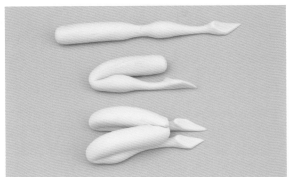

4 Modelar dos bolas pequeñas de de color verde oliva y pegar en las cavidades marcadas anteriormente para hacer el iris. Presionar ligeramente para nivelar la pasta.

5 Pintar las pupilas con un pincel fino y colorante comestible líquido verde hiedra en el borde superior del iris. Una vez secas, hacer un punto con colorante en pasta blanco para darle brillo a la mirada.

6 Mezclar colorante comestible líquido verde hiedra con colorante en pasta blanco para conseguir un tono verde claro para pintar los labios. Pintar una línea de verde oscuro entre los labios con colorante comestible líquido verde hiedra para conseguir profundidad.

7 Para hacer los dientes, modelar un rollito fino de pasta de modelar blanca y pegarlo en la parte interna de la boca ayudándose con la punta de un estique. Dar color a las mejillas mezclando colorante comestible en polvo verde pastel y amarillo narciso.

TORSO, CINTURA Y CADERAS

8 Para hacer el torso, la cintura y las caderas en una sola pieza, modelar una bola de color verde lima un poco más grande que la utilizada para hacer la cabeza. Modelar la bola en forma de rollo y afinar a $2/3$ de la longitud para dar forma a la cintura. Afinar el extremo opuesto para crear el cuello. Aplanar ligeramente el área del pecho

y pellizcar la pasta a ambos lados del cuello para dar forma a los hombros. Por último, curvar la cintura como se muestra en la fotografía.

9 Introducir un palillo por el extremo del cuello y otro por la cadera. Dejar secar de lado en la posición requerida.

CONSEJO

Para dar a la figura un toque más estilizado y delicado, haz la cintura más larga y delgada de lo normal. En este caso, es importante insertar los palillos en el torso para darle estructura.

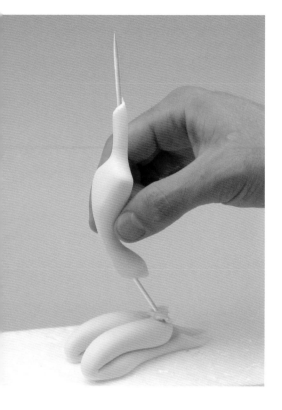

PIERNAS

10 Modelar un rollo de pasta de modelar verde lima y afinar a la altura de la rodilla. Afinar también uno de los extremos para crear la pantorrilla, dejando una pequeña porción de pasta al final para hacer el pie. Sujetar esta porción y empujar la pasta con el dedo índice hacia arriba (en dirección a la pantorrilla) para formar el talón. Aplanar el resto de la pasta en la dirección opuesta para formar la planta del pie y cortar la punta en ángulo.

11 Para doblar la pierna presionar la parte de atrás de la rodilla con el filo de un cuchillo y flexionarla completamente. Modelar la segunda pierna siguiendo los mismos pasos y pegarlas a la altura de los muslos. Dejar secar.

ENSAMBLAJE DEL TORSO Y LAS PIERNAS

CONSEJO

Coloca las piernas sobre una base de unicel para poder seguir armando la figura cómodamente.

12 Insertar el torso en la unión de los muslos hasta atravesar la base de unicel. Pegar ambas partes con pasta de modelar blanda de color verde lima. Si fuera necesario, recortar el extremo inferior del torso con un cuchillo afilado para que se asiente mejor sobre las piernas. Rellenar el espacio entre las caderas y las piernas con un poco de pasta blanda si fuese necesario.

13 Para simular el vestido, aplicar puntitos de glasé real blanco en los glúteos y las caderas del hada. Esto servirá, además, para dar textura y cubrir las uniones visibles entre las caderas y los muslos. Una vez que el glasé real se haya secado, dar color con colorante comestible en polvo amarillo narciso para que el glasé quede integrado al cuerpo.

CONSEJO

Aparte de proporcionar textura, el glasé real da también solidez a la figura.

BRAZOS

14 Modelar un rollo fino de pasta de modelar verde lima y afinar por la mitad para marcar el codo.

Por otro lado, afinar un extremo del rollo para formar el antebrazo y la muñeca dejando una pequeña porción de pasta al final para hacer la mano. Aplanar esta porción y hacer un corte en forma de V para obtener el dedo pulgar. Cortar la punta en ángulo para estilizar el resto de los dedos.

15 Marcar el interior del codo con el reverso de la hoja de un cuchillo y doblar para darle forma (evitar hacer esta marca cuando los brazos están extendidos).

16 Pegar los brazos a los hombros con pegamento comestible y masajear suavemente la pasta con la yema del dedo para disimular la unión entre el brazo y el hombro. Doblar las muñecas para que se apoyen de forma natural sobre la

base de unicel y colocar los brazos por delante del cuerpo, siguiendo la fotografía como referencia. Si los brazos están rectos, doblarlos ligeramente a la altura del codo para que no queden rígidos.

CONSEJO

Es importante ubicar el brazo derecho a un lado de la pierna para dar estabilidad a la figura y evitar que se incline hacia los lados.

17 Clavar la cabeza en el palillo del cuello y colocarla en la posición requerida asegurándola por la parte de atrás con un pedacito de pasta para modelar. Dejar secar toda la figura por completo.

PELO

18 Para dar volumen al pelo, pegar trozos de malvavisco a los lados y en las partes superior y trasera de la cabeza con glasé real. Rellenar un cucurucho con glasé de color verde oliva y cubrir cada uno. Pincelar y barrer el glasé con un pincel húmedo para dar textura al pelo. Cuando la primera capa se haya secado, decorar el pelo con espirales de glasé de un tono más claro para texturizar. Hacer el fleco con líneas de glasé en la frente.

CONSEJO

Los malvaviscos son una buena opción para dar volumen al pelo de la figura sin añadir peso extra a la cabeza.

OREJAS

19 Modelar un rollito de pasta de modelar verde lima y dividir por la mitad. Afinar los extremos de cada porción, presionarlos con un bolillo para darles forma y pegarlos a ambos lados de la cabeza siguiendo la línea de los ojos.

FLORES

20 Extender una capa fina de pasta de modelar blanca sobre una tabla antiadherente y cortar flores de distintos tamaños. Colocarlas sobre una almohadilla, afinar sus bordes y presionar el centro con un bolillo para darles forma. Una vez secas, esfumar el centro con colorantes en polvo amarillo narciso y verde pastel. Pegar al pelo con un punto de glasé y terminar el centro de las flores con más puntos de glasé real blanco.

MARIPOSAS

21 Untar un poco de margarina sobre una tabla antiadherente y extender una capa fina de pasta de modelar blanca. Cortar una flor con pétalos en punta. A continuación, cortar los pétalos de dos en dos, afinar sus bordes con un bolillo y doblar por la mitad para darles forma de alas. Dejar secar antes de pintar con colorante comestible líquido morado oscuro.

22 Pegar las mariposas y las flores al pelo con pequeños puntos de glasé real.

CONSEJO

Para ahorrar tiempo y no tener que pintar las mariposas se pueden hacer directamente con pasta de modelar negra.

ALAS

23 Dibujar las alas en papel de arroz u hostia utilizando la plantilla como guía. Recortar, doblar por la mitad y pegarlas a la espalda del hada con un punto de glasé real. Eliminar el exceso de glasé con un pincel fino y dejar secar.

PASTEL

24 Para transformar el pastel en el tronco de un árbol, realizar varios cortes con un cuchillo de sierra en el lateral tal y como se muestra en la fotografía. Untar una capa de *ganache* para sellar el migajón y ayudar a que la pasta de azúcar se pegue. Dejar enfriar en el congelador antes de cubrir.

25 Espolvorear la superficie de trabajo con azúcar glas, extender pasta de azúcar blanca de

de 5mm de espesor y transferir a una base fina de cartón. Esta capa deberá ser ligeramente mayor al diámetro de la superficie a cubrir. Colocar el pastel boca abajo sobre la pasta de azúcar y cortar el exceso del contorno inferior con un cuchillo. Dar nuevamente vuelta al pastel con la ayuda de otra base de cartón auxiliar.

26 Extender otra capa de pasta de azúcar de 5mm de grosor y cortar una tira lo suficientemente ancha y larga para poder cubrir el lateral del pastel (si es necesario, hacer una plantilla de papel como referencia). Dar textura a la pasta presionando las cerdas de un cepillo sobre toda su superficie.

27 Colocar la tira alrededor del pastel y presionar la pasta en las hendiduras del contorno para dar forma al tronco. Recortar el exceso de

pasta en los extremos y alisarla en la unión con la parte superior.

28 Amasar el sobrante de pasta de azúcar con una pizca generosa de CMC y modelar las ramas y raices que decoran la base del pastel. Dejar secar y pintar con colorante líquido café oscuro. Dejar secar nuevamente.

CÓMO COLOREAR EL TRONCO DEL ÁRBOL

29 Para colorear la superficie del tronco del árbol se puede utilizar un aerógrafo o bien la técnica de salpicado con cepillo de dientes

explicada en la página 47. Si se pinta con aerógrafo, aplicar una capa fina y uniforme de colorante comestible líquido amarillo narciso diluido con unas gotas de agua fría previamente hervida. Utilizar de nuevo el aerógrafo para pintar la base del tronco con colorante líquido café castaño esfumando el color conforme se va subiendo hacia la parte superior. Para dar mayor profundidad, se puede aplicar una tercera capa de colorante líquido café oscuro en la base del pastel así como en las hendiduras de la pasta.

30 Si se opta por pintar el tronco con un cepillo de dientes, es conveniente primero cubrir el pastel con pasta de azúcar amarillo claro siguiendo la explicación de los pasos 25, 26 y 27. De esta forma se consigue un color de base uniforme en toda la superficie. A continuación, salpicar colorante líquido café castaño en la base del tronco, esfumando el color.

31 Una vez que se ha coloreado el tronco, utilizar una espátula recta para transferirlo con su base de cartón (aunque dicha base se puede quitar si se prefiere) y pegarlo en la base del pastel con ayuda del relleno o con un toque de glasé real.

32 Para cubrir la base del pastel, extender una capa de pasta de azúcar de 3mm de grosor, previamente coloreada con amarillo narciso y un toque de café claro. Pegar a la superficie con pegamento comestible y dar textura con la punta de una boquilla de manga pastelera en forma de estrella.

TOQUES FINALES

33 Dar color a los pies, orejas y manos del hada con colorante comestible en polvo amarillo narciso asegurándose de que el color se esfume gradualmente con el resto del cuerpo. Pegar las raíces a la base del pastel con un poco de pasta blanda. Terminar la decoración pegando las mariposas en la parte superior del tronco y en la base.

MONTAJE

34 Transportar la figura del hada en una caja aparte como se explica en la página 48 y pegarla sobre el pastel con un poco de glasé real en el momento de su presentación.

DELICIAS DE MENTA Y CHOCOLATE

Para hacer estas galletitas de chocolate sigue la receta de la página 16 y utiliza un cortador redondo pequeño para que todas tengan el mismo tamaño.

Añade unas gotas de colorante comestible líquido verde y otras de extracto de menta a la receta de malvavisco de la página 23. Ayúdate con la manga pastelera para distribuir y decorar las nubes de menta encima de cada galletita. Para hacerlas aún más deliciosas, añade un poco de *ganache* de chocolate en el centro de las galletas antes de colocar la nube de menta.

Espolvorea coco rallado teñido de verde por encima de cada galleta y termina de decorar estas delicias de menta con mariposas hechas de pasta de modelar negra.

La idea de este proyecto surgió después de vivir en una casa vieja en Edimburgo, donde, de vez en cuando, encontraba algún ratón por la cocina en busca de comida. Estos ratoncitos eran tan simpáticos como los que aparecen en esta escena aunque, eso sí, los reales eran mucho más asustadizos. La pieza central está compuesta por un pastel individual y una taza de pastillaje. Las *mini cakes* se pueden colocar en la mesa de presentación entre ratoncitos modelados y los dulces que más te gusten.

EN BUSCA DE COMIDA

Materiales comestibles

12 *mini cakes* redondos de 7cm de diámetro x 5cm de alto (ver página 39)

1.5kg de mazapán (opcional)

2.5kg de pasta de azúcar/*fondant* extendido de color blanco

Pastillaje: 50g blanco y 200g rosa claro coloreado con un toque de rojo en pasta flor de Nochebuena y amarillo narciso

400g de pasta para modelar de color blanco

Colorantes comestibles en pasta: morado oscuro, rojo ciclamen, amarillo narciso, blanco, fucsia, rojo flor de Nochebuena y café claro

Colorante comestible en polvo: rosa pastel, castaño claro y naranja ladrillo

Colorante comestible líquido color castaño claro, verde hiedra y negro

100g de glasé real

Licor de naranja u otra bebida alcohólica transparente

Terrones de azúcar

Utensilios

Equipamiento básico (ver página 6)

Base de pastel cuadrada de 23cm

12 base finas de cartón redondas de 7cm de diámetro

Molde cilíndrico de 7,5cm de diámetro (tubo de plástico o lata)

Cortadores redondos de 5cm y 7cm de diámetro

Cortador de borde acanalado (ondas)

Listón blanco de 15mm de ancho

Plantillas (ver página 183)

BASE DEL PASTEL

1 Colorear 150g de pasta de azúcar con una pizca de café claro, extender una capa de 3mm de grosor y cubrir la base del pastel. Pasar un alisador para eliminar cualquier imperfección y recortar el exceso de pasta de los bordes con un cuchillo de hoja lisa. Pegar un listón blanco en el contorno de la base con un pegamento de barra no tóxico.

MANTEL

2 Engrasar ligeramente la tabla antiadherente con margarina y extender 100g de pasta de modelar blanca en un rectángulo de aproximadamente 30cm x 23cm. Recortar los bordes con un cortador acanalado. Para hacer el encaje, calar la pasta en un ángulo del rectángulo con cortadores con forma de círculo, lágrima y hoja como se muestra en la fotografía. Colocar el mantel sobre la base cuadrada y hacer pliegues dejando un extremo del mantel liso.

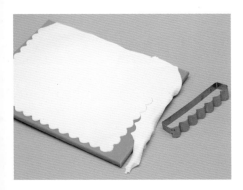

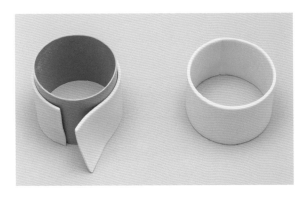

3 Preparar glasé real de consistencia media (ver página 27). Rellenar un cucurucho y cortar la punta o colocar una boquilla lisa número 2. Hacer ondas de glasé siguiendo el contorno del mantel. Añadir una segunda línea de ondas en el interior y terminar el borde con puntos de glasé. Para crear el efecto de encaje, dibujar líneas entrelazadas con el glasé real en el interior de las formas que han sido caladas anteriormente. Completar el diseño dibujando líneas curvas.

TAZA DE PASTILLAJE

4 Extender una porción de pastillaje de color rosa claro de 3mm de grosor sobre una tabla antiadherente y recortar una tira con una plantilla de

CONSEJO

Prepara las tazas de pastillaje con antelación para dejar suficiente tiempo de secado. Es aconsejable hacer una taza extra en caso de que alguna se rompa durante el armado del proyecto.

papel para hacer la taza. Envolver un tubo de plástico de 7.5cm de diámetro (o una lata forrada con una cartulina) con la tira de pastillaje. Recortar la pasta sobrante de los extremos si fuera necesario y alisar la unión presionado suavemente. Cuando la pasta haya tomado consistencia, retirar el cilindro y dejar secar por completo.

5 Para hacer el fondo de la taza, pincelar el borde inferior del cilindro con pegamento comestible.

Extender una capa de pastillaje rosa claro de 3mm de grosor y presionar cuidadosamente el cilindro sobre la pasta. Cortar el exceso de pasta de la base utilizando un cuchillo afilado y dejar secar.

6 Para decorar la taza, extender una fina capa de pasta de modelar fucsia claro. Modelar una bola pequeña de pasta de modelar rojo ciclamen claro y colocarla en el centro de la pasta fucsia. Alisar con un rodillo para integrar los dos colores y cortar en forma de margarita. Pegar la flor en el lateral de la taza con pegamento comestible.

7 Para hacer el asa, modelar un rollito de pastillaje rosa claro y curvarlo siguiendo la plantilla como referencia. Realizar tantas asas como *mini cakes* se vayan a presentar.

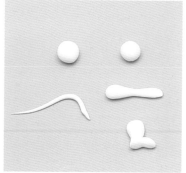

CONSEJO

Si se le quiere dar más altura a la pieza central, apila dos tazas de pastillaje encima del pastel. Si las tazas se decoran con diferentes diseños, se conseguirá un efecto único, además de dar al proyecto un toque personal.

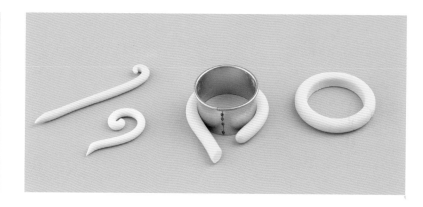

8   Para hacer la base de la taza, modelar un rollo de pastillaje rosa claro de 1cm de grosor y colocarlo alrededor de un cortador redondo para obtener un anillo. Recortar el exceso de pasta de los extremos y alisar la unión suavemente. Retirar el cortador y dejar secar por completo. Hacer dos bases para el pastel o doce para los *mini cakes*.

9   Cuando la base y el asa estén completamente secos, pegarlos a la taza con glasé real de color rosa claro. Mantener el asa en la posición requerida con ayuda de un trozo de unicel hasta que quede totalmente adherida a la taza.

RATÓN DENTRO DE LA TAZA

CONSEJO

Si lo prefieres, puedes sustituir la pasta de modelar por mazapán para modelar los ratoncitos. De este modo, los invitados podrán guardar las figuritas de recuerdo ¡o incluso comérselas!

10   Para el cuerpo del ratón, modelar una pera de pasta de modelar blanca y cortar por el lado más delgado. Para dejar secar el ratoncito en la posición requerida, colocar un trozo de unicel dentro de la taza, insertar un palillo en el cuerpo del ratón y clavarlo en el unicel dejando que la parte trasera del animal sobresalga y se apoye en el borde de la taza.

11   Para hacer la pata doblada, modelar un trozo pequeño de pasta de modelar blanca en forma de botella. Doblar por la parte estrecha para hacer el pie y pellizcar el extremo para hacer el talón y darle forma. Pegar a la derecha del cuerpo con pegamento comestible y acomodar la pata al borde de la taza.

12   Seguir los mismos pasos para hacer la pata izquierda y pegarla al cuerpo estirada.

CONSEJO

No pegues todavía la pata al borde de la taza ya que será necesario retirar el ratón más adelante para darle color. Simplemente, ayúdate del borde para ubicar la pata en la posición correcta.

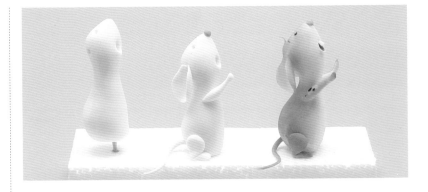

13 Para hacer la cola, modelar un rollito fino de pasta de modelar blanca, curvar y dejar secar. Una vez seca, insertar la cola con el cuerpo (el cual deberá estar todavía blando en su interior) y asegurar con pegamento comestible. Extraer el ratón de la taza junto con la base de unicel cuando se haya secado por completo. Dejar el palillo dentro del cuerpo para sujetar el ratón cuando se vaya a colorear.

14 Dar color a las patas, la cola y el lomo del ratón con colorante comestible en polvo castaño claro y un pincel de cerdas suaves. Para aplicar el color uniformemente, descargar el exceso de polvo del pincel sobre un papel de cocina. Dejar la barriga del ratón sin colorear. Una vez coloreado, extraer el palillo y pegar el ratón en el interior de la taza en la postura requerida, con un toque de pastillaje blando.

RATÓN PARADO

15 Modelar una bola de 50g de pasta de modelar blanca y a continuación, hacer un rollo con un extremo en punta. Afinar la pasta por encima del extremo en punta para crear la cabeza y el cuello. Atravesar ¾ de la figura con un palo de brocheta para sujetar el cuerpo.

CONSEJO

Empuja y gira el palo al mismo tiempo que lo introduces en el cuerpo de la figura para evitar que se deforme. Como este soporte es temporal, es recomendable engrasarlo previamente con margarina para que sea más fácil retirarlo después.

16 Abrir la boca del ratón con el mango de un pincel y las cuencas de los ojos con la punta de un palillo. Hacer un agujero a cada lado de la cabeza para insertar las orejas más adelante. Clavar en un trozo de unicel y dejar secar en posición vertical.

17 Hacer la cola y las patas como se ha explicado anteriormente y pegar al cuerpo con pegamento comestible en la posición requerida.

18 Para las patas delanteras, modelar una bola pequeña de pasta de modelar blanca en forma de botella. Aplanar el extremo más fino para dar forma a la mano y pegar al cuerpo como se muestra en la fotografía.

19 Para la nariz, modelar una lágrima pequeña de pasta de modelar rosa claro y pegar en el extremo en punta con pegamento comestible.

20 Para las orejas, modelar una lágrima de pasta de modelar blanca y aplanarla con un rodillo pequeño. Pellizcar la punta y pegar a la cabeza por este extremo con pegamento comestible.

21 Para el pelo, modelar rollitos finos de pasta de modelar blanca, pegarlos a la cabeza del ratón y curvarlos.

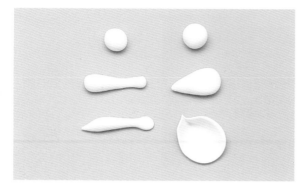

22 Cuando la figura esté completamente seca, pintar con colorante en polvo café castaño a excepción de la barriga. Rellenar las cuencas de los ojos con puntos de glasé real negro y dejar secar. A continuación, utilizar un palillo para pintar un punto blanco sobre cada ojo con colorante en pasta para dar expresión a la mirada.

23 Modelar una bolita pequeña de pasta de modelar rojo ciclamen y colocarla dentro de la boca para darle profundidad. Para los dientes, extender una fina capa de pasta de modelar blanca y recortar un rectángulo. Hacer una marca en el medio con un cuchillo y pegarlo en la parte superior de la boca. Colorear la parte interior de la orejas con colorante en polvo rosa pastel.

RATÓN SENTADO

24 Modelar el cuerpo siguiendo los mismos pasos que para el ratón erguido. Insertar un palo de brocheta en el cuerpo y clavar en una base de unicel. Doblar el extremo superior para llevar la boca hacia adelante. A continuación, presionar con un cortador redondo pequeño en la parte inferior de la cara para marcar la sonrisa. Utilizar el mango de un pincel para abrir la boca justo debajo de la sonrisa y abrir los ojos con un palillo de madera. Dejar secar.

25 Hacer la cola, las patas y las orejas como se ha explicado anteriormente y pegar al cuerpo en la posición requerida. En el momento de colocar las patas delanteras hay que tener en cuenta que el ratón estará sujetando un terrón de azúcar.

26 Una vez que se ha secado la figura, pintar el cuerpo con colorante comestible en polvo naranja ladrillo a excepción de la barriga. Utilizar rosa pastel en polvo para colorear el interior de las orejas y las mejillas. Pintar dos líneas muy finas por encima de los ojos para hacer las cejas con un pincel y colorante comestible castaño claro.

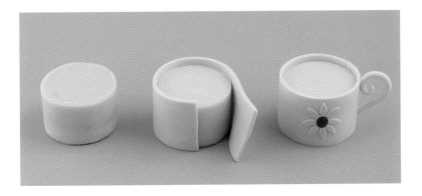

ETIQUETA DE LA BOLSITA DE TÉ

27 Extender una capa fina de pasta de modelar blanca. Cortar un rectángulo para la etiqueta de la bolsita de té y recortar las esquinas.

28 Pintar un rectángulo con colorante líquido verde hiedra y un pincel fino. A continuación, cubrir con un trozo de papel de cocina para que absorba parte de la pintura y retirar. Una vez seco, decorar con un rectángulo y líneas curvas de glasé real amarillo narciso.

29 Una vez seca, pegar la etiqueta al lateral de la taza con un trocito de pastillaje blando o un toque de glasé real. Utilizar un cucurucho con glasé real blanco para dibujar la cuerda de la bolsita de té.

CONSEJO

Puedes personalizar el proyecto decorando la etiqueta de la bolsita de té con las iniciales del destinatario.

PASTEL INDIVIDUAL

30 Rellenar y sellar el migajón del pastel. Cubrir con pasta de azúcar la parte superior y los lados siguiendo las instrucciones de la página 36. Si no se quiere utilizar mazapán, cubrir simplemente la parte de arriba con pasta de color café claro para imitar el color del té con leche. Asegurarse de pegar una base fina de cartón a la base del pastel.

31 Para decorar el contorno del pastel individual extender una capa de pasta de azúcar de color rosa claro de 3mm de grosor. Cortar una tira de 1cm más alta que la altura de la mini cake. Pincelar la capa de mazapán con licor de naranja (omitir este punto si no se ha utilizado mazapán). Por último, colocar la tira rosa alrededor del pastel y recortar el exceso de pasta en la unión. Dejar secar.

32 Pegar el asa con glasé real y sostener con una pieza de unicel hasta que se haya secado por completo. Decorar con una flor como se ha hecho previamente para la taza de pastillaje y pegar la base en forma de anillo a la parte inferior del pastel con glasé real. La base fina de cartón actuará como soporte.

MONTAJE

33 Pegar el pastel individual a la base con un poco de glasé real. Colocar la taza con el ratón ligeramente inclinada como se muestra en la foto. Asegurar la taza de pastillaje al pastel y los ratones a la base con un punto de glasé real. Para finalizar, esparcir un poco de azúcar en la superficie.

34 Para transportar el pastel, guardar la taza de pastillaje con el ratón en una caja separada y montar en el lugar de presentación.

CONSEJO

Si se quieren añadir más detalles para sorprender a los invitados, se pueden sustituir los terrones de azúcar con dulces de colores intensos.

TACITAS
COMESTIBLES

Crea tus propias tazas siguiendo el método
explicado en el proyecto principal. Para
ello, combina diferentes diseños y colores
tomando como modelo las tazas y platos
que tengas en tu casa. Coloca las tacitas
de azúcar en platos de porcelana para
sorprender a tus invitados.

Para darle un toque divertido a las tacitas,
recorta una silueta de papel de arroz con
forma de humo y pégala en la parte superior
con pegamento comestible.

A LA MODA

Esta bella joven crea tendencia y es el centro de atención de todas las miradas. Parece que su vestido fue diseñado exclusivamente para ella.

Materiales comestibles

Pastel redondo o cuadrado del tamaño requerido, relleno y cubierto con pasta de azúcar blanca (ver página 32–34)

400g de pasta de azúcar/*fondant* extendido de color blanco para cubrir la base de unicel (calcular una cantidad extra de pasta para la base y el pastel a realizar)

Pasta para modelar: 50g naranja oscuro, 200g de pasta blanca con un toque de café claro y naranja para el color de la piel, 100g violeta, 100g blanco

Colorantes comestibles en pasta: naranja, fucsia, azul hortensia, rojo amapola, café claro y violeta

Colorantes comestibles en polvo: rosa pastel y violeta

Colorante comestible líquido castaño claro

50g de glasé real

Utensilios

Equipamiento básico (ver página 6)

Base de pastel 5cm más grande que el pastel

Base fina de cartón de la misma forma y tamaño que la del pastel

Base de unicel cuadrada de 7cm de ancho x 8cm de alto (o del tamaño y forma que mejor se adapte al pastel) y piezas de unicel extras para utilizar como soporte

Boquilla lisa redonda para manga pastelera nº1

Piezas de esponja

Listón violeta de 15mm de ancho

Plantillas (ver página 184)

CHICA

Piernas

1   Colorear 200g de pasta de modelar blanca con un toque de colorante comestible café claro y naranja y dividir por la mitad. Guardar una mitad en una bolsa de plástico hermética y separar para más adelante. Modelar un rollo con los 100g de pasta restante para hacer las piernas utilizando la plantilla como guía para determinar el ancho y el largo necesario. Afinar el rollo de la cintura para abajo dejando un trozo de pasta en el final como si se modelara la cola de una sirena.

2   Aplanar la pasta utilizando un alisador o simplemente con la palma de la mano. Dejar la pasta del extremo de la cintura más gruesa e ir afinando conforme se baja hacia los pies. Recortar el exceso de pasta de los extremos siguiendo la plantilla. A continuación, presionar ligeramente la pasta para crear un surco central y marcar así las dos piernas.

3   Introducir un palo de brocheta por el extremo inferior hasta la altura de las rodillas y girar la parte superior hacia la izquierda dejando la parte de abajo plana como se muestra en la imagen. Flexionar ligeramente las rodillas y dejar secar en esta posición. Una vez secas, clavar las piernas en una base de unicel para construir el resto de la figura.

CONSEJO

A primera vista, la estructura de esta pieza puede parecer frágil. Sin embargo, el grosor de las piernas hace que la figura tenga un buen soporte. Además, el giro que le hemos dado a las piernas hace que nuestra modelo tenga un look más esbelto.

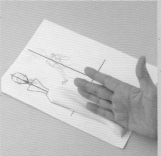

Falda

4 Extender una capa fina de pasta de modelar color violeta sobre una tabla antiadherente ligeramente engrasada y cortar un círculo de 14cm de diámetro. Aplicar colorante en polvo violeta sobre la superficie de uno de los lados del círculo para intensificar el color, centrarlo y pegarlo en la cintura con pegamento comestible. Crear pliegues doblando la pasta con los dedos según la forma deseada.

5 Para sostener y dar movimiento a la falda, cubrir la punta de un palo de brocheta con un trozo de pasta para evitar que dañe la falda, insertarlo en una base de unicel y levantar la falda por uno de los lados como se ve en la fotografía. Por último, insertar un palillo en la cintura y dejar secar.

Torso

6 Para hacer el torso, modelar una pera con la pasta color piel que se había reservado anteriormente para la piel. Aplanar el lado más ancho con un rodillo pequeño para dar forma al pecho. A continuación, recortar el exceso de pasta de los extremos para conseguir bordes rectos y limpios, especialmente en la parte de los hombros, obteniendo una forma de trapecio. Hacer un agujero por la base del torso con un palillo y dejar secar.

Cuello

7 Modelar una bola pequeña con pasta de modelar color piel e insertarla en un palillo. Rodar la masa en conjunto con el palillo para formar un rollito. Acto seguido, cortar el exceso de pasta para darle al cuello la longitud requerida dejando que el palillo sobresalga por ambos lados. Una vez seco, insertar y pegar al torso con un punto de pasta blanda.

8 Para hacer la parte superior del vestido, extender una capa fina de pasta de modelar violeta y cortar una tira. Pincelar su superficie con colorante en polvo violeta para realzar el color y pegar alrededor del torso con pegamento comestible. Recortar

CONSEJO

Al levantar la falda por un lado crearemos movimiento, lo que aportará más realismo a tu figura.

el exceso de pasta de la unión en la espalda y clavar el torso a la cintura en el palillo que se insertó previamente. Pegar el torso a la falda con un toque de pasta de modelar violeta de tal manera que esté ligeramente inclinado hacia un lado y dejar secar.

9 Para hacer el cinturón, modelar un trozo pequeño de pasta de modelar naranja en forma de rollito y pegar alrededor de la cintura con pegamento comestible. Recortar el exceso de pasta en la parte trasera con ayuda de unas tijeras.

Cabeza

10 Modelar una lágrima con pasta de modelar color piel. Presionar con un cortante redondo pequeño sobre la parte inferior de la cara para marcar la sonrisa. Resaltar el labio inferior presionando la pasta por debajo de la sonrisa con un estique

curvo. Dejar que la cabeza adquiera consistencia antes de continuar con el resto de detalles de la cara.

11 Para hacer la nariz, modelar una lágrima muy pequeña y pegar por encima de la boca. Cortar el extremo en punta con un estique cortador para formar el tabique y pellizcar el extremo opuesto para respingar la nariz. Recortar el exceso de pasta para ajustar el tamaño de la nariz si fuese necesario. Por otro lado, pintar las pestañas y cejas con un pincel fino y colorante líquido castaño claro.

12 Para hacer los labios, modelar dos rollitos finos con extremos en punta con pasta de modelar fucsia y pegar en la parte superior e inferior de la sonrisa. Dar color a las mejillas y párpados con colorante en polvo rosa pastel. Una vez terminados los detalles de la cara, cortar en ángulo el

extremo superior de la cabeza donde se colocará el gorro y dejar secar.

Sombrero

13 Modelar una lágrima con pasta de modelar de color naranja y pegarla en la parte posterior de la cabeza. Presionar suavemente la pasta para cubrir los laterales y la línea de la frente. Clavar la cabeza en una base de unicel para evitar aplastar el sombrero y dejar secar. Una vez seca, insertar en el palillo que sobresale del cuello y pegar en la posición requerida con un poco de pasta blanda.

14 Para dar textura al sombrero, dibujar pequeñas líneas curvas en forma de comas con un cucurucho de papel con boquilla n°1 y glasé real naranja claro. Para el borde del sombrero, pegar un rollito fino de pasta de modelar naranja claro en la unión entre el sombrero y la cabeza.

15 Modelar dos lágrimas pequeñas de pasta de modelar color piel para las orejas y pegarlas a ambos lados de la cabeza por debajo de la línea de los ojos. Presionar un bolillo para darles forma y aplicar dos puntos de glasé real blanco para hacer los aretes.

16 Para hacer la flor del sombrero, extender una capa fina de pasta de modelar naranja claro y cortar tres círculos concéntricos. Afinar el borde de los círculos con un bolillo y pegar uno encima del otro. A continuación, pellizcar los círculos por la parte posterior para generar pliegues en la pasta y darles la forma de flor. Pegar a un lado del sombrero con pegamento comestible presionando cuidadosamente en el centro con un bolillo pequeño para fijar la flor.

17 Adornar la falda dibujando flores y puntos con un

cucurucho de papel y glasé real de color violeta claro. Acentuar la cantidad de flores alrededor de la cintura. Completar el diseño con puntitos de glasé de color naranja y azul hortensia como se muestra en las imágenes.

Brazos

18 Modelar los brazos con pasta de modelar color piel siguiendo los mismos pasos que se detallan en el proyecto de la bailarina (ver página 54). Pegarlos a ambos lados del torso a la altura de los hombros y colocar un trozo de esponja para mantenerlos en la posición requerida hasta que estén completamente secos. Acto seguido, pegar dos tiras finas de

pasta de modelar violeta en la unión de los brazos con el torso para terminar el vestido.

BOLSA

19 Modelar una bola pequeña de pasta de modelar naranja claro y aplastar ligeramente. Hacer un corte recto en uno de los lados y marcar líneas que se crucen por la superficie de la bolsa. Para hacer la solapa, modelar un rollo y aplanar. Recortar un extremo recto, conforme a la longitud necesaria y pegar en la parte superior de la bolsa con pegamento comestible. Finalizar agregando una bolita de pasta roja para el broche del cierre y dejar secar.

CONSEJO

A la hora de colocar el brazo doblado, es mejor dejarlo secar primero sobre la superficie de trabajo en el ángulo necesario y unirlo al cuerpo con un punto de pasta de modelar blanda cuando el brazo esté lo suficientemente firme.

MONTAJE Y TOQUES FINALES

20 Modelar un rollito de pasta de modelar naranja para hacer el asa de la bolsa y colocarlo alrededor del brazo izquierdo de tal forma que coincida con el lugar donde se va a pegar la bolsa sobre la falda. Pegar con un poco de pasta blanda y unir el asa a la bolsa con pegamento comestible.

21 Para hacer las tiras de los zapatos, modelar varios rollitos de pasta de modelar naranja y pegarlos en la parte delantera de las piernas, tal y como se muestra en la fotografía principal del proyecto. Pegar dos bolitas de pasta al final de las tiras para simular las hebillas.

BASE DE UNICEL

22 Cubrir una base de unicel cuadrada con pasta de azúcar blanca y dejar secar. Pegar un listón violeta en la parte inferior con un toque de glasé real.

23 Clavar la figura en la base de unicel siguiendo el consejo de la página 160.

24 Para transportar la figura, seguir las instrucciones que aparecen en la página 48, mismas que aplican para el proyecto de recién casados (páginas 153-161). Para el montaje, pegar la base de unicel al pastel real con un poco de glasé real y clavar después la figura a la base de unicel (no es necesario pegarla, ya

que el palo la mantendrá bien sujeta). Es importante utilizar la base de unicel para mantener la figura erguida.

CONSEJO

Dale a la figura un toque personal incluyendo accesorios como un collar de perlas, un reloj o un anillo. Evita todos aquellos detalles que puedan romperse durante el traslado para no tener que retocar la figura en el momento de montarla.

25 Antes de servir el pastel, retirar la figura junto con la base de unicel; recordar al destinatario que la figura contiene partes no comestibles.

FLORES DE GALLETA

Acompaña este proyecto con galletas en forma de flores, siguiendo la receta que desees (ver sugerencias en la página 16). Traza el contorno de las galletas con glasé real de consistencia media utilizando una manga pastelera con una boquilla nº2. A continuación, cubre la galleta con glasé fluido eligiendo los colores que mejor combinen con la figura central. Para las flores de este proyecto se han elegido tonalidades de violeta, fucsia y amarillo.

Los carros de carreras son juguetes muy populares entre los niños, por esta razón no pude evitar incluir uno de color llamativo. En este proyecto decidí incorporar la mayor cantidad de detalles para que cada uno elija el grado de dificultad que desee en el momento de crear el suyo. Recuerda que puedes adaptar el diseño del carro preferido del niño siguiendo esta técnica como guía.

CARRO DE JUGUETE

Materiales comestibles

Pastel rectangular de 20cm x 15cm

960g de pasta de azúcar/*fondant* extendido de color blanco

900g de pastillaje

Pasta para modelar: 150g negro, 50g verde lima

Colorantes comestibles en pasta: naranja, rojo ciclamen, negro, lila, rojo flor de Nochebuena, amarillo girasol y verde lima

Colorantes comestibles líquidos: morado oscuro y rojo ciclamen

100g de glasé real

Utensilios

Equipamiento básico (ver página 6)

Base de pastel cuadrada de 28cm (opcional para transporte y presentación)

Base fina de cartón rectangular de 20cm x 15cm

Bloque de unicel de 20cm x 15cm x 2cm

Palitos de plástico de los siguientes espesores: 3mm, 0.5cm, 1cm, 1.5cm y 3cm

Eyector de pasta

Listón negro de 15mm de ancho (para la base de el pastel. Ver nota adjunta en el paso 1)

Plantillas (ver páginas 184–187)

BASE DEL PASTEL

1 Colorear 300g de pasta de azúcar blanca con colorante comestible en pasta lila hasta obtener un tono lila claro. Extender una capa de pasta de 3mm de espesor y cubrir la base. Pasar un alisador para eliminar cualquier imperfección y recortar el exceso de pasta de los bordes con un cuchillo afilado. Pegar un listón negro en el contorno de la base con pegamento de barra no tóxico y dejar secar.

Nota: Aunque este proyecto no ha sido fotografiado con la base, es recomendable colocar el carro sobre una base de pastel para transportarlo más fácilmente.

CARRO

Chasis

2 Preparar el pastillaje siguiendo las instrucciones de la página 29. A continuación, extender una capa de 1cm de grosor y recortar la forma del chasis siguiendo la plantilla que se incluye al final del libro. Extender otra capa de pastillaje de 5mm de espesor y cortar los ejes de las ruedas con ayuda de la plantilla. Dejar que todas las piezas se sequen por completo sobre una superficie plana previamente espolvoreada con Maicena.

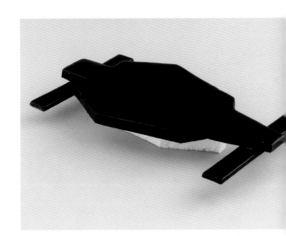

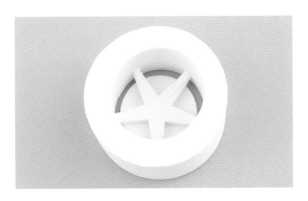

3 Cortar un trozo de unicel de 2cm de grosor en forma de trapecio, el cual servirá para aguantar el peso del pastel y evitar que el chasis se quiebre durante el transporte.

4 Una vez que se han secado todas las piezas, pegar los ejes de las ruedas en la parte delantera y trasera del chasis con glasé real. Seguir las indicaciones de la plantilla para ver dónde se colocan exactamente los ejes.

CONSEJO

Aunque el pastillaje es comestible, una vez seco queda muy duro, lo que lo hace poco agradable para el consumo. Por este motivo, puedes reemplazar la base de pastillaje por masa de galleta de jengibre horneada con la forma del chasis y los ejes de las ruedas. Pega todas las piezas entre sí con glasé real. En lugar de utilizar unicel para sujetar toda la estructura, puedes colocar capas de galleta de jengibre por debajo para elevar el chasis y alcanzar la altura requerida. Asegúrate de hornear la masa lo suficiente para que sea firme y no se quiebre con facilidad.

Pegar la pieza de unicel en el centro de la base con glasé real y dejar secar para después dar la vuelta.

5 Pintar toda la base con colorante líquido morado oscuro o colorante en pasta negro diluido con unas gotas de agua fría, previamente hervida y un pincel mediano plano. Dejar secar la pintura para después pincelar la superficie con barniz comestible para fijar el color y evitar mancharse las manos al manipular la base.

Ruedas

6 Modelar 80g de pastillaje en forma de bola. Aplanar usando un alisador con varillas de 3cm a cada lado para obtener un grosor uniforme. Espolvorear Maicena sobre un cortador redondo de 6.5cm de diámetro para evitar que la pasta se pegue y cortar las llantas. A continuación, calar el centro de la llanta con un cortador redondo de 4.5cm de diámetro. Retirar la parte del centro y dejar secar sobre una superficie plana. Elaborar las otras tres llantas siguiendo los mismos pasos.

7 Para hacer el rin, extender una capa de pastillaje de 5mm de grosor y cortar un círculo de 4.5cm de diámetro. Marcar cinco líneas radiales con el filo del cuchillo y recortar los triángulos que quedan entre dichas

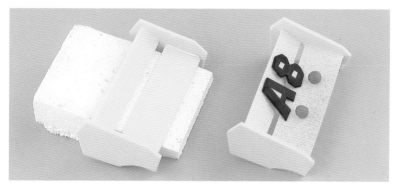

líneas (ver plantillas). Hacer los rines de uno por uno ya que el pastillaje se seca muy rápido. Conservar el pastillaje restante en una bolsa hermética. Dejar secar los cuatro rines por completo.

8 Para pegar los rines en la posición correcta, extender un trocito de pastillaje de 3mm de espesor y recortar un círculo más pequeño que el círculo interior de la llanta. Este círculo de pasta ayudará a elevar el rin unos milímetros y poder pegarla en la posición indicada. Colocar dicha pieza en el interior de la

llanta boca abajo. Pegar cada radio del rin al interior de la llanta con un punto de glasé real y dejar secar.

9 Rellenar un cucurucho con glasé real de consistencia media y hacer puntos en los laterales imitando la textura de las llantas. Completar haciendo líneas radiales de glasé desde el centro de los rines hacia los extremos y dejar secar todas las piezas.

10 Una vez seco el glasé, pintar las ruedas con colorante líquido morado oscuro o colorante en pasta negro diluido con unas gotas de agua fría, previamente hervida.

11 Para terminar, hacer una bola pequeña de pastillaje de color verde lima y pegarla en el centro del rin cuando la pintura está todavía fresca. Cuando toda la rueda se haya secado, pintar con una capa fina de barniz comestible.

Alerón

12 Colorear el pastillaje sobrante con colorante en pasta amarillo girasol. Extender una capa de 3mm de espesor y recortar todas las partes del alerón siguiendo las plantillas, incluyendo la letra y el número (ver páginas 185–186).

13 Una vez secas, pegar todas las piezas entre sí con glasé real de color amarillo girasol. Para armar el alerón de manera sencilla, ubicar las piezas 1 y 2 sobre una pieza de unicel en forma de cuña. Así,

CONSEJO

Si el rin no encaja en la llanta, lija con cuidado las puntas para hacerlas más pequeñas. Si, por el contrario, las llantas son más pequeñas, rellena los espacios con el mismo glasé real que se utiliza para pegar.

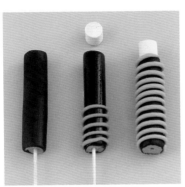

se conseguirá la forma y altura requeridas. Servirse de palillos para mantener todas las partes en su sitio y evitar que se muevan durante el proceso de secado.

14 Pintar la letra A y el número 8 con un pincel fino y colorante líquido rojo ciclamen (o colorante en pasta rojo ciclamen diluido con unas gotas de agua fría previamente hervida). La letra y el número se pueden variar en función del nombre y edad del destinatario. Para terminar, hacer dos semiesferas pequeñas con pasta de azúcar de color rojo flor de Nochebuena para decorar el alerón. Pegar estos detalles con un toque de glasé real.

Suspensión

15 Modelar un rollo de pasta de modelar negra de aproximadamente 1cm de grosor.

Cortar cuatro segmentos de 6cm de longitud e insertar un palillo engrasado con margarina por uno de los extremos. Clavar los cuatro segmentos en una base de unicel en posición vertical y dejar secar.

16 Utilizar un eyector de pasta con un disco redondo de 2mm para hacer los amortiguadores. Para ello, colorear 50g de pasta de modelar de color gris claro y amasar la pasta con un poco de margarina. Rellenar el

eyector. Pincelar cada segmento negro con pegamento comestible y hacer una línea de pasta mientras se gira el palillo para formar una espiral. Cuando se ha hecho todo el amortiguador, volver a insertar la pieza en la base de unicel y dejar secar por completo. Para terminar la suspensión del carro, modelar un rollito de pasta de modelar verde lima y cortar en cuatro piezas de 1cm de largo. Pegar en el extremo superior de cada muelle con pegamento comestible y dejar secar.

CONSEJO

Si no dispones de un eyector de pasta, rellena un cucurucho con glasé real gris de consistencia firme. Haz un corte en la punta de 2mm y aplica el glasé en forma de espiral sobre los rollos de la suspensión.

Para ahorrar tiempo, también puedes hacer el motor de una sola pieza. Bastará con marcar líneas horizontales por los lados con el canto de la hoja de un cuchillo.

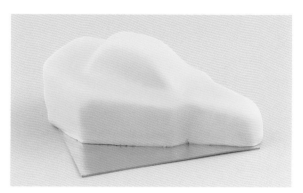 

Motor

17 Extender una capa fina de pasta de modelar verde lima y cortar las piezas para hacer el motor siguiendo las plantillas. Una vez secas, apilar y pegar todas las piezas entre sí con bolitas de pasta blanda para crear una separación entre las mismas. Dejar secar.

Alerón trasero y defensas

18 Extender una capa de pasta de modelar negra y cortar todas las piezas del alerón y las defensas siguiendo las plantillas. Cortar dos piezas de la plantilla A de 3mm de espesor y dejar secar sobre un rodillo para curvarlas. Cortar dos piezas de la plantilla E y dos de la D todas ellas de 5mm de espesor. Cortar el resto de piezas con los siguientes espesores: 1cm para la pieza F, 1.5cm para la pieza B y 3cm para la pieza C.

19 Dejar secar todas las piezas por completo antes de ensamblarlas. Pegar todas las partes del alerón trasero con glasé real siguiendo las instrucciones en las plantillas.

PASTEL

20 Para recortar la forma del carro, hacer una plantilla de papel del chasis 1cm más pequeña y colocarla encima de el pastel. Recortar la forma con un cuchillo de sierra y hacer un corte perpendicular de atrás hacia delante dejando la parte trasera más elevada.

21 Utilizar los recortes del bizcocho para hacer la cabina del piloto en forma de cuña. Cortar el pastel en dos capas. A continuación, rellenar y sellar el migajón con crema de mantequilla o *ganache*. Recortar la base fina de cartón con la forma del

chasis y pegar en la base del pastel con un toque del relleno. Dejar enfriar en el refrigerador un par de horas.

22 Extender una capa de pasta de azúcar de color amarillo girasol con un grosor de 5mm y cubrir el pastel. Acomodar la pasta con la palma de las manos y con ayuda de un alisador para crear aristas. Recortar el exceso de pasta de los bordes con un cuchillo de hoja lisa.

23 Dar color en la parte delantera del carro con un cepillo de dientes y colorante en pasta naranja diluido con unas gotas de agua fría previamente hervida (ver técnica de salpicado de la página 47). Difuminar el color hacia la parte trasera del carro.

24 Para hacer los cristales, extender una capa fina de pasta de azúcar de color rojo ciclamen, cortar las ventanillas siguiendo las

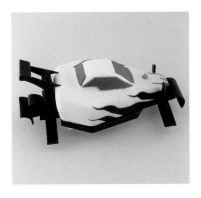

plantillas y pegarlas a la cabina con pegamento comestible. Utilizar la misma plantilla del parabrisas delantero para hacer el trasero y ajustar su tamaño respecto al carro.

25 Pintar llamas en la parte delantera y por los lados del carro utilizando un pincel fino y colorante líquido morado oscuro (o colorante en pasta negro diluido en unas gotas de agua fría, previamente hervida). Otra opción para hacer las llamas es extender una capa fina de pasta de modelar negra y recortarlas con una plantilla de papel para después pegarlas al carro con pegamento comestible. Recordar que si se utiliza una plantilla, hay que invertirla para que haya simetría en ambos lados.

MONTAJE Y TOQUES FINALES

26 Pegar ambos alerones a la base de pastillaje (chasis) con puntos de glasé real de consistencia firme y utilizar pedacitos de pasta de modelar negra para pegar especialmente las piezas D y A. Pegar la pieza donde se apoyará el alerón trasero con glasé real o pastillaje blando para que quede firme. Dejar secar.

27 Pegar el motor detrás de la cabina del piloto y añadir una semiesfera pequeña de pasta de azúcar de color rojo flor de Nochebuena en la parte delantera. Hacer líneas con glasé real de color rojo ciclamen en los bordes de las ventanillas.

28 Pegar las ruedas a los extremos de cada eje con un toque de glasé real. Retirar el exceso de glasé con un pincel fino para conseguir un acabado limpio. En las imágenes se ha utilizado glasé blanco para que se vea claramente el proceso aunque es mejor unir las piezas con glasé de color negro.

29 Pegar los amortiguadores en el eje de cada rueda con pasta de azúcar negra blanda. Dejar que estas piezas se apoyen sobre el pastel para que no se muevan durante el transporte. Para finalizar, pegar el alerón trasero amarillo con glasé real. Este paso puede hacerse opcionalmente una vez se llegue al lugar de destino para que no se dañe durante el transporte.

30 Colocar el pastel sobre la base y asegurar con un poco de glasé real.

LLANTAS DE GALLETA

Para hacer estas llantas basadas en el carro de juguete, une tres galletas con *ganache* de chocolate o crema de mantequilla, alisa sus lados y deja enfriar en el refrigerador. Cubre la parte superior con una capa fina de pasta de azúcar negra y elabora los rines como se explica en el proyecto principal. A continuación, pinta los rines con pintura metálica comestible de color plata y pégalos en la parte superior. Recorta los bordes si fuera necesario y cubre el lateral de la galleta con una tira de pasta negra un poco más alta que la galleta.

Decora el lateral de la llanta con puntos de glasé real negro y deja secar. Posteriormente, pega un cilindro pequeño de pasta de color amarillo girasol en el centro del rin y presiona con un bolillo pequeño en el centro. Para terminar, rellena el hueco central con un punto de glasé real negro.

Una vez secas, podrás presentar las galletas alrededor de el pastel principal o envolverlas de manera individual para obsequiarlas a los invitados.

Con este proyecto he intentado recrear el recuerdo que tengo de mi abuela y mis hermanos, cuando éramos niños y juntos hacíamos un pastel en el pueblo de Máximo Paz, Argentina. El pastel se hacía bajo la estricta supervisión de mi abuela, quien se aseguraba de que no nos saltáramos ningún paso para que el resultado fuera perfecto. Todavía recuerdo el aroma de su pastel de nueces, con un riquísimo relleno de crema de mantequilla y cobertura de chocolate. La escena familiar la completaba mi madre, que siempre estaba más dispuesta a comerse el pastel que a ayudar en su elaboración.

LA COCINA DE LA ABUELA

Materiales comestibles

Pastel con forma de campana (falda de la abuela) de 11cm de diámetro x 9cm de alto, relleno y sellado con crema de mantequilla (o con cualquier otro relleno)

Pasta de azúcar/*fondant* extendido: 250g de blanco coloreado con naranja terracota, 350g de blanco coloreado con café claro

Pastillaje: 200g de blanco coloreado con café claro, 50g blanco

Pasta para modelar: 80g crema, 150g beige claro (color piel), 530g blanco

Colorantes comestibles en pasta: naranja, café oscuro, verde oscuro, blanco, azul jacinto, negro, verde oliva, rojo amapola, rosa, amarillo girasol, café claro, naranja terracota, azul oscuro

Colorante comestible en polvo de color rosa pastel

Colorante comestible metálico en polvo de color cobre

Colorantes comestibles líquidos: café castaño, verde hiedra, azul jacinto, rojo amapola, rosa, amarillo girasol, azul oscuro; o los mismos colores comestibles en pasta diluidos con unas gotas de agua fría, previamente hervida, para conseguir una consistencia de acuarela.

Utensilios

Equipamiento básico (ver página 6)

Base cuadrada de 28cm

Base fina de cartón redonda de 10cm de diámetro

Semiesfera de unicel de 5cm de diámetro

Listón de color oro claro de 15mm de ancho

Plantillas (ver página 187)

Varillas de los siguientes espesores: 3mm, 0.5cm, 1cm

BASE DEL PASTEL

1 Extender una capa de 350g de pasta de color café claro de 3mm de espesor y cubrir la base cuadrada del pastel. A continuación, pasar un alisador para obtener una superficie lisa y uniforme. Cortar el exceso de pasta de los bordes con un cuchillo de hoja lisa.

2 Marcar líneas con el canto de una regla para dibujar los azulejos. Dar textura al suelo salpicando la superficie con un cepillo de dientes nuevo y colorante comestible líquido café castaño diluido con unas gotas de agua fría, previamente hervida (ver técnica en página 47). Pegar un listón de color oro claro en el contorno de la base con pegamento de barra no tóxico y dejar secar.

CONSEJO

Elabora primero las piezas de pastillaje para la mesa y la silla ya que necesitan un mayor tiempo de secado.

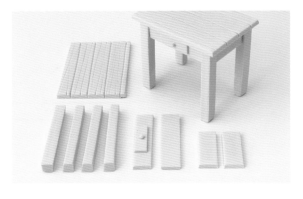

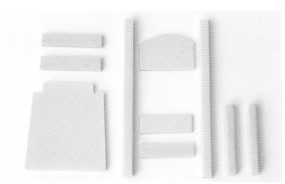

PARTES DE LA MESA

3 Extender una porción de pastillaje de color café claro para cortar todas las partes de la mesa usando las plantillas de la página 187 y teniendo en cuenta los siguientes grosores: 5mm para hacer la tabla de la mesa y los cuatro laterales que la rodean (dos largos y dos cortos), 1cm para las cuatro patas y 3mm para el cajón. Recordar que, cuando se trabaja con pastillaje, hay que mantener la pasta guardada en bolsas herméticas para evitar que se seque. Dejar secar las piezas sobre una superficie plana espolvoreada con Maicena.

SILLA

4 Extender pastillaje de color café claro para cortar cada una de las partes de la silla siguiendo las plantillas y teniendo en cuenta sus distintos grosores: 5mm para el asiento y las cuatro patas y 3mm para los cuatro laterales de debajo del asiento y el respaldo. Dejar que todas las piezas se sequen por completo.

OLLA DE COBRE

5 Extender una capa fina de pastillaje y cubrir el interior de un molde con forma de olla antigua previamente espolvoreado con Maicena. Asegurarse de alisar los pliegues que se pudieran formar y cortar el exceso de pasta del borde con un cuchillo afilado. Desmoldar una vez esté seca la pasta.

6 Para hacer el asa, modelar un rollito de pastillaje y curvarlo en forma de U para pegarla a la olla antigua con pegamento comestible. Una vez seco, pintar con colorante comestible en polvo de color cobre metálico diluido con unas gotas de alcohol y dejar secar de nuevo.

CUCHARA DE MADERA

7 Modelar una bola pequeña con pasta de color café claro. Afinar un lado de la bola para crear el mango y presionar el extremo opuesto con un bolillo pequeño para dar forma a la cuchara. Dejar secar.

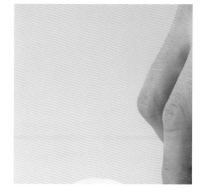

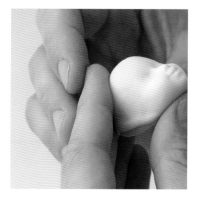

CONSEJO

Antes de pegar todas las piezas de la mesa y la silla, colócalas en posición para darte una idea de cómo irán ensambladas y pégalas una por una. Elimina el exceso de glasé con la punta de un estique para modelar y deja secar.

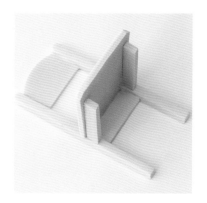

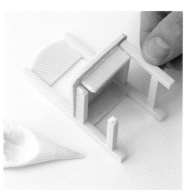

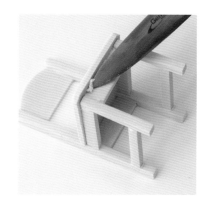

CÓMO ENSAMBLAR Y PINTAR LA MESA Y LA SILLA

8 Cuando todas las piezas de la mesa se hayan secado, colocar la parte superior boca abajo y pegar el resto con ayuda de un cucurucho de papel y glasé real.

9 Para ensamblar la silla, ponerla sobre su respaldo tal y como se muestra en la foto de la página anterior. Pegar todas las piezas con glasé real de la misma forma que la mesa. Limpiar el exceso de glasé de las uniones y dejar secar.

10 Pintar la mesa y la silla con un pincel recto y colorante comestible líquido café castaño (o colorante en pasta diluido con unas gotas de agua fría hervida, hasta conseguir una consistencia de acuarela). Aplicar una capa fina y uniforme de pintura sobre toda la superficie y dejar secar.

PLATO DEL PASTEL

11 Extender una capa fina de pastillaje blanco y cortar un círculo usando un cortador redondo de 5cm de diámetro. Marcar un círculo interior con la parte no afilada de un cortador redondo de un inferior diámetro y dejar secar sobre una semiesfera de unicel para dar forma.

12 Modelar un trozo pequeño de pasta en forma de cono y recortar ambos extremos para conseguir una forma de trapecio de 1.5cm de alto. Pegar en la parte central del círculo con pegamento y dejar secar boca abajo en la semiesfera de unicel. Cuando la pieza esté seca, pintar una cenefa en la base con un pincel fino y colorante comestible líquido de color azul jacinto.

CONSEJO

Si lo prefieres, puedes utilizar un marcador de tinta comestible azul para decorar el plato de el pastel.

PASTEL PEQUEÑO

13 Extender una porción de pastillaje de color café claro de 5mm de espesor y cortar tres círculos con un cortador redondo de 3.5cm de diámetro. Dejar que tomen consistencia. A continuación, rellenar un cucurucho con glasé real de color café oscuro de consistencia media y aplicar una capa entre cada círculo para armar el pastel.

14 Cubrir el pastel con glasé real fluido de color café castaño dejando que caiga por los lados para conseguir un efecto más realista. Finalizar modelando una bola pequeña de pasta de color rojo amapola para colocar encima de el pastel a modo de cereza. Pegarla al glasé cuando todavía está blando y dejar secar toda la pieza.

NIETO

Cuerpo y piernas

15 Modelar 30g de pasta de modelar azul oscuro en forma de rollo de 1.5cm de grosor y doblar por la mitad para hacer las piernas. Levantar el lado doblado y plegar de nuevo por su mitad para que el personaje quede arrodillado. Dejar secar.

16 Para el torso, modelar 20g de pasta de modelar azul jacinto en forma de cono y aplanar antes de unirlo a las piernas con pegamento comestible. Recortar una tira del mismo color y pegarla en la parte inferior del torso. Marcar líneas a lo largo de la tira con una estique para modelar y conseguir así el efecto del elástico del sueter.

17 Modelar un pequeño trozo de pasta de modelar beige claro en forma de rollito y pegarlo en la parte superior del torso para hacer el cuello.

Clavar un palillo a través del cuello y torso y dejar que sobresalga para colocar la cabeza más adelante.

18 Para hacer los zapatos, modelar un trocito de pasta de modelar café oscuro en forma de rollo y dividirlo por la mitad. Dar forma de pera a cada pieza y pegar al final de las piernas con un poco de pegamento comestible. Dejar secar.

Cabeza

19 Modelar una bola con 30g de pasta de modelar beige claro. Marcar la sonrisa con un cortador redondo pequeño en la mitad inferior de la cara. Hacer los hoyuelos a cada lado de la sonrisa con la punta de un palillo. Utilizar un bolillo pequeño para marcar el lugar donde va la lengua y crear así el efecto de relamerse al ver el pastel.

20 Abrir las cavidades de los ojos con la punta de un palillo sobre la línea media imaginaria de la cara.

A continuación, rellenar los agujeros con un cucurucho y glasé real de color negro. Una vez secos, pintar dos puntitos blancos con colorante comestible en pasta para dar brillo a la mirada.

CONSEJO

Cuando utilices un cucurucho de papel para rellenar los ojos, procura no llenar las cavidades con demasiado glasé o de lo contrario, la mirada del personaje será un tanto extraña. También puedes optar por pintar los ojos con un marcador de tinta comestible de color negro para ahorrar tiempo.

21 Para hacer las orejas, seguir la línea de los ojos y hacer un agujero a cada lado de la cabeza. Modelar dos trocitos pequeños de pasta en forma de lágrima y pegarlos en cada orificio con pegamento comestible. Presionar con un bolillo pequeño para darles forma. Por otra

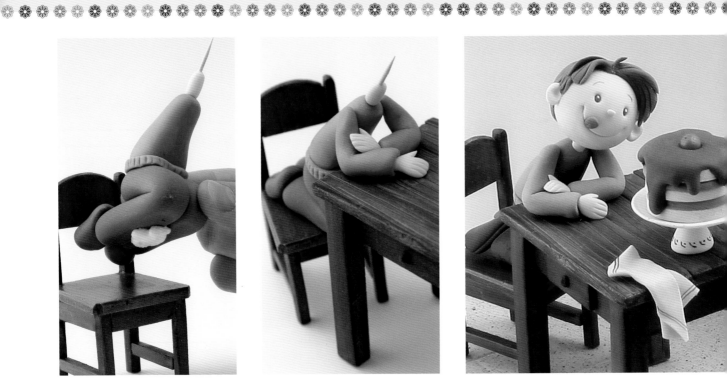

parte, modelar un trocito de pasta en forma ovalada y pegar debajo de los ojos para hacer la nariz. Dar color a las mejillas con colorante comestible en polvo de color rosa pastel.

22 Modelar un trozo pequeño de pasta de azúcar naranja terracota en forma de lágrima para hacer la lengua y pegar sobre la sonrisa con un poco de pegamento comestible. Pintar las cejas con un pincel fino y colorante comestible café castaño. Dejar que la cabeza tome consistencia.

23 Para hacer el pelo, colorear un trozo de pasta de modelar con colorante en pasta café oscuro y un toque de naranja. Modelar en forma de lágrima y pegar en la parte trasera de la cabeza con un poco de pegamento comestible. Cubrir la cabeza extendiendo la pasta hacia la línea de la frente y por detrás de las

orejas para dar forma al pelo. Hacer hendiduras con un estique para darle textura. Clavar la cabeza en un bloque de unicel y dejar secar antes de unir al cuerpo.

24 Antes de hacer las mangas, pegar la figura a la silla con un toque de glasé real. Colocar la mesa a la altura del estómago del niño para posicionar los brazos correctamente.

Brazos y manos

25 Para las mangas, modelar un poco de pasta de modelar azul jacinto en forma de rollo y dividirlo por la mitad. Estrechar ligeramente uno de los extremos de cada pieza y presionar con un bolillo pequeño en el lado más ancho para insertar las manos más adelante. Marcar cada manga por la mitad y doblar formando un ángulo recto. Pegarlas al torso con pegamento comestible y colocar en la posición indicada.

CONSEJO

No pegues las mangas a la mesa por si necesitaras mover o cambiar de lugar cualquiera de los objetos. La mesa servirá de apoyo para que los brazos se sequen en la posición adecuada.

26 Modelar una pieza pequeña de pasta de modelar beige claro en forma de rollo y dividir por la mitad. A continuación, modelar cada pieza en forma de cuello de botella alargado dejando suficiente cantidad de pasta en el extremo para crear la mano. Aplanar ligeramente la porción de pasta de la punta y hacer un corte en V a un lado para sacar el dedo pulgar. Hacer tres hendiduras para marcar el resto de los dedos. Para insertar las manos en las mangas, recortar el exceso de pasta de las muñecas y pegar en la posición requerida con pegamento comestible.

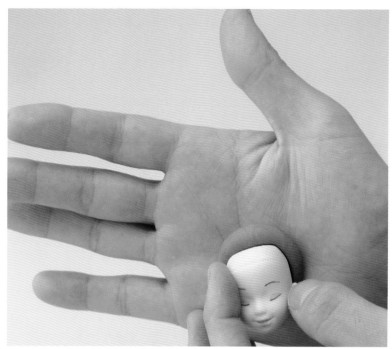

27 Para finalizar, insertar la cabeza en el palillo que sobresale del cuello y hacer el fleco con la misma pasta que se ha utilizado para el pelo.

CONSEJO

Como todos los personajes de esta escena están interactuando, es preferible colocar la cabeza del niño una vez hayamos posicionado todos los objetos en la mesa. De esta manera, será más fácil saber en qué dirección mira el personaje. Utiliza un trozo pequeño de pasta blanda para asegurar la cabeza al cuello.

NIETA

Cuerpo

28 Para hacer el vestido, modelar entre 60g–70g de pasta de modelar verde oscuro en forma de cono de 9.5cm de largo. A continuación, modelar un trozo de pasta de modelar beige claro en forma de rollo para el cuello y pegar sobre la parte superior del cono. Insertar un palillo en el cuello y torso y dejar secar.

29 Para el delantal, extender una capa fina de pasta de modelar azul oscuro, recortar un trapecio y pegar a la parte frontal del cono con pegamento comestible. Cortar dos tiras de la pasta sobrante para colocar alrededor del cuello y la cintura. Decorar la parte inferior con una tira de pasta de modelar verde oliva. Pintar flores pequeñas y hojas en el delantal con un pincel de punta fina y colorantes comestibles verde hiedra y azul oscuro.

30 Elaborar las mangas con pasta de modelar verde oscuro siguiendo los mismos pasos que en la figura del nieto. Pegar a los lados y al frente del torso con un poco de pegamento comestible.

31 Hacer las manos repitiendo los mismos pasos que en la figura del nieto y pegar a las mangas con pegamento comestible posicionando una encima de la otra.

Cabeza

32 Formar con 30g de pasta de modelar beige claro una lágrima redondeada. Marcar la sonrisa y los hoyuelos del mismo modo que se ha hecho previamente con el niño. Abrir la boca presionando la pasta con un bolillo pequeño por debajo de la sonrisa y modelar un trocito de pasta de modelar naranja terracota en forma de bola para colocarlo dentro de la boca y darle así profundidad. Para los dientes, modelar

un rollito de pasta de modelar blanca y pegar en la parte superior de la boca con un poco de pegamento comestible.

33 Hacer el resto de rasgos faciales siguiendo los mismos pasos que en la figura del nieto. Aplicar un punto de glasé real en cada oreja para hacer los aretes.

34 Elaborar el pelo con un trozo de pasta de modelar café oscuro y un toque de rojo amapola. Colocar el pelo de la misma forma que al niño e insertar la cabeza en el palillo que sobresale del cuerpo inclinándola ligeramente hacia un lado. Para la cola, modelar un trozo de la misma pasta que se ha utilizado para el pelo en forma de lágrima, marcar varias líneas y pegar en la parte trasera de la cabeza con pegamento comestible. Hacer el fleco colocando varios rollitos de pasta finos en forma de mechones y fijar a la cabeza con pegamento comestible.

ABUELA

Cuerpo

35 Espolvorear la superficie de trabajo con azúcar glas y extender 250g de pasta de azúcar color naranja terracota de 5mm de grosor. Cubrir el pastel y acomodar la pasta con la palma de la mano presionando suavemente en los lados. Recortar el exceso de pasta alrededor de la base del pastel utilizando un cuchillo afilado. Pasar un alisador por la superficie para conseguir un acabado limpio.

36 Para hacer el torso, modelar 60g de pasta de modelar rojo amapola en forma de bola. Pegar a la parte superior de la falda con pegamento comestible y aplastar la bola ligeramente. Insertar un palillo en el torso para sujetar la cabeza más adelante.

37 Extender una capa fina de pasta de modelar rosa para hacer el cuello del vestido y recortar un círculo con un cortador redondo de 3.5cm de diámetro. Recortar una V y pegar al frente en la parte superior del torso. Para hacer los botones, modelar dos bolas pequeñas de pasta de modelar rojo amapola y pegar en la parte frontal del cuerpo. Hacer un agujero en cada uno de los botones con la punta de un palillo.

38 Para hacer el delantal, extender una capa de pasta de modelar amarillo girasol claro de un grosor de 3mm y recortar un trapecio. Pegar a la parte frontal de la falda, por debajo del torso con pegamento comestible. Recortar una tira de 1cm de ancho con la pasta sobrante y pegar alrededor de la cintura para hacer el lazo del delantal. Utilizar colorantes comestibles líquidos amarillo girasol, rojo amapola y verde hiedra y un

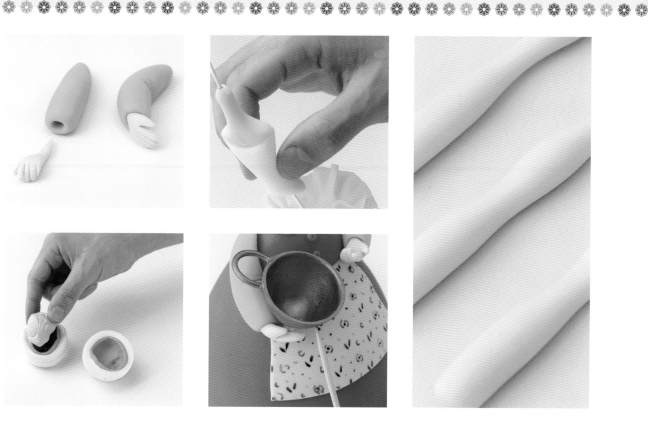

pincel de punta fina para decorarlo con puntos, hojas y círculos.

39 Modelar un trozo de pasta de modelar rosa en forma de rollo y dividir por la mitad para hacer las mangas. Afinar uno de los extremos de cada rollo y presionar con un bolillo pequeño por el lado más ancho para insertar las manos más adelante. Hacer una marca en la mitad de las mangas y doblar formando el ángulo requerido. Pegar los brazos al torso con un poco de pegamento comestible.

40 Para hacer las manos, modelar un trozo pequeño de pasta de modelar beige claro en forma de rollito y dividir a la mitad. A continuación, modelar cada pieza en forma de cuello de botella, dejando suficiente cantidad de pasta en la punta para crear la mano. Aplanar ligeramente la porción de pasta de la

punta y hacer un corte en V a un lado para sacar el dedo pulgar. Hacer tres hendiduras para marcar el resto de los dedos.

41 Pegar las manos en las mangas con un poco de pegamento comestible y a continuación, pegar la olla sobre la mano derecha con un toque de glasé real. Sujetar la olla en la posición requerida hasta que la pasta adquiera consistencia. Terminar la parte inferior de la falda aplicando ondas y puntos de glasé real de color naranja terracota.

Cabeza

42 Modelar 50g de pasta de modelar beige claro en forma de óvalo. Marcar la sonrisa como se ha hecho previamente y abrir la boca presionando la pasta con un estique curvo o un bolillo pequeño.

43 Abrir las cuencas de los ojos con la punta de un palillo sobre la línea imaginaria que divide la cara por la mitad. Para marcar las bolsas de los ojos, presionar la pasta por debajo de los ojos con el canto de un estique curvo para marcar las bolsas de los ojos.

44 Para la nariz, modelar un trozo pequeño de pasta en forma de óvalo y pegar por debajo de los ojos, hacia la mitad de la cara. Hacer los orificios nasales con el mango de un pincel.

45 Para hacer las arrugas de las mejillas, marcar dos líneas curvas desde los lados de la nariz hasta la boca con un estique curvo o con el mango de un pincel. Hacer algunas arrugas más alrededor de la sonrisa y la frente.

46 Abrir un agujero a cada lado de la cabeza, siguiendo la línea de los ojos, para insertar las orejas. Modelar dos lágrimas pequeñas y pegar en ambos huecos con un poco de pegamento comestible. Presionar un bolillo pequeño en cada oreja para darle forma.

47 Modelar una bolita de pasta naranja terracota y colocarla en la boca para darle profundidad. Para los dientes, modelar un rollito de pasta de modelar blanca y pegar en la parte superior de la boca con un poco de pegamento comestible. Dar color a las mejillas con colorante en polvo rosa pastel.

48 Rellenar las cavidades de los ojos con glasé real de color negro. Una vez secos, pintar dos puntos pequeños con colorante comestible en pasta blanco para darles expresividad. Pintar las cejas

y las bolsas de los ojos con un pincel fino y colorante líquido café castaño. Dejar secar hasta que la pasta adquiera consistencia.

49 Colorear pasta de modelar blanca con un toque de colorante en pasta color crema y cubrir la parte posterior de la cabeza siguiendo los mismos pasos que en las otras dos figuras. Colocar la cabeza en el cuello inclinándola ligeramente hacia un lado. Para hacer el chongo, hacer un rollito con pasta de modelar y marcar líneas con un cuchillo. Modelar en forma de nudo y pegar a la parte superior de la cabeza con pegamento comestible. Elaborar el fleco con la misma pasta. Para hacer los aretes, aplicar un punto de glasé real en cada oreja.

50 Para finalizar, aplicar un poco de glasé fluido de color café claro en la olla y pegar la cuchara cuando esté todavía fresco.

CONSEJO

Si necesitas un pastel más grande, podrás presentar toda la escena sobre un pastel cuadrado en lugar de hacerlo sobre la base.

MONTAJE

51 Pegar la mesa a la base colocando un poco de pastillaje blando debajo de cada pata. Pegar los brazos del niño y el resto de objetos a la mesa. Pegar la figura de la abuela en una esquina y colocar a la niña al otro lado, de tal modo que mire hacia el pastel de la mesa. El proyecto se podrá transportar de manera segura una vez se hayan pegado todas las piezas a la base.

ALFAJORES

El alfajor es el dulce más tradicional de Argentina. Se compone de dos galletas redondas rellenas con cajeta y cubiertas con chocolate negro o blanco.

Para elaborar tus alfajores, sólo tendrás que unir dos galletas con sabor a chocolate o vainilla con *ganache* de chocolate o con crema de mantequilla. Si quieres hacerlos siguiendo la auténtica receta argentina, utiliza cajeta. A continuación, déjalos enfriar en el refrigerador unos minutos. Para cubrirlos,

sujétalos con un tenedor y báñalos en chocolate negro tibio. Coloca las galletas en una bandeja cubierta de papel para horno hasta que la cobertura se solidifique por completo.

Por último, coloca una cereza hecha con mazapán en la parte superior cuando el chocolate esté todavía húmedo. Para el rabito, podrás utilizar uno real, pero recuerda retirarlo antes de comer los alfajores.

La idea original de este proyecto incluía un ciclista. Sin embargo, cuando comencé a elaborarlo sentí que la bicicleta y el farol constituían, por sí mismos, una escena que no necesitaba otras figuras para contar la historia. Además, estos dos elementos antiguos me llevaron a elegir colores dentro de la escala de grises para resaltar, aún más, que la escena representa otra época.

EN OTRA ÉPOCA

Materiales comestibles

Pastel redondo, relleno y con el migajón sellado de 20cm de diámetro (ver páginas 32–34)

1kg de pasta de azúcar/*fondant* extendido gris oscura

Pasta para modelar: 150g negro, 100g gris claro (mezcla de negro y blanco) y 50g blanco

Colorante comestible metálico en polvo color plata

Colorante comestible líquido negro

Colorante comestible en pasta negro

50g de glasé real

Utensilios

Equipamiento básico (ver página 6)

Base para pastel redonda de 25cm de diámetro

Base fina de cartón redonda de 20cm de diámetro

Alambre floral negro número 26 (o de cualquier otro color si no se encuentra en negro)

Rodillo para dar textura de adoquines o piedras

Boquilla redonda lisa número 2

Listón negro de 15mm de ancho

Pegamento blanco

Plantillas (ver página 188)

RINES

1   Para hacer los radios de los rines, cortar el alambre número 26 en segmentos tal y como se explica a continuación:
Dos alambres de 9cm y doce de 4.5cm para el rin grande.
Dos alambres de 4cm y doce de 2cm para el rin pequeño.

NOTA IMPORTANTE

Para simular los radios de los rines he utilizado alambre no comestible, ya que es una manera de hacer la bicicleta lo más realista posible y, además, ayuda a reforzar la estructura de la figura. En este caso, se debe informar siempre al destinatario del pastel sobre el uso de elementos no comestibles en la figura, para que sean retirados de manera segura antes de servir el pastel. No insertar alambre directamente en el pastel o en cualquier otra parte que se vaya a comer.

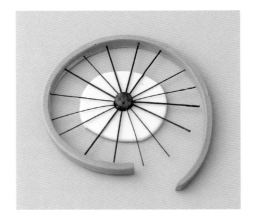

2   Armar la estructura de los rines encima de una lámina de plástico o acetato fino para que se pueda retirar fácilmente una vez se haya secado el pegamento. En primer lugar, pegar las dos piezas de alambre más largas en forma de cruz con un poco de pegamento blanco. A continuación, pegar el resto de las piezas de alambre más cortas, de tres en tres, dentro de cada cuadrante. Para pegar cada radio al centro, humedecer uno de los extremos con pegamento y colocarlos de tal manera que toquen el centro de la circunferencia en la posición requerida.

3 Una vez se ha secado por completo la estructura interna de ambos rines, aplicar un punto de glasé real con un cucurucho en el centro de cada una de ellas para disimular el pegamento y reforzarlos. Dejar secar.

4 Retirar la lámina de plástico cuando el glasé esté seco y pintar el centro (y los radios si fuera necesario) con colorante comestible líquido negro. Dejar secar.

CONSEJO

No hagas el centro de glasé en el lado opuesto del rin en este momento para evitar que se eleve y dificulte su ensamblaje, ya que debe quedar plana sobre la superficie de trabajo. Una vez ensamblada la bici, darle vuelta para armar el otro lado.

LLANTAS

5 Antes de empezar a hacer las llantas, extender una capa fina de pasta de azúcar y recortar dos círculos más pequeños que las ruedas. Colocar los radios sobre cada uno de ellos. De esta manera, se conseguirá elevar la estructura un par de milímetros de la superficie de trabajo para poder pegar cómodamente la llanta al rin.

6 Para hacer las llantas, extender una capa de pasta de modelar gris claro de aproximadamente 3–4mm de grosor y cortar una tira de 5mm de ancho. Poner de lado y colocar alrededor de los radios presionando la pasta con los dedos. Recortar el exceso de pasta de los extremos en el punto de unión para obtener un acabado limpio.

7 Para conseguir que la llanta quede lo más redonda posible, colocarla dentro de un cortador redondo del mismo tamaño y presionar la pasta de la tira ligeramente hacia los lados del cortador. Retirar y dejar secar.

CUERPO DE LA BICICLETA

8 Extender una capa de pasta de modelar gris de 3mm de grosor y cortar una tira de 5mm de ancho. Doblar uno de los extremos y recortar siguiendo la medida de la plantilla. Dejar secar de lado.

9 Extender una capa fina de pasta de modelar gris y cortar dos tiras finas de 4.5cm de largo y otras dos de 2cm de largo. Dejar que la

pasta adquiera consistencia por unos minutos y comprobar que encajan entre el centro del rin y la llanta. Estas piezas forman parte del cuerpo de la bicicleta. Dejar secar.

MANUBRIO

10 Hacer rollito fino de 5cm de largo con pasta de modelar gris, curvar ligeramente y dejar secar. Para hacer el soporte del manubrio, cortar un cuadrado de pasta de modelar y pegar en el medio del manubrio tal y como se muestra en las fotografías.

ASIENTO

11 Extender una capa de pasta de modelar gris de 5mm de espesor y cortar un trapecio siguiendo la plantilla como guía. Curvar el asiento ligeramente e insertar un trozo de

alambre en espiral en su parte más ancha. Dejar secar apoyado sobre uno de sus laterales.

MONTAJE

12 Rellenar un cucurucho con glasé real de consistencia media para pegar todas las partes de la bicicleta. Pegar las dos ruedas colocándolas una al lado de la otra. A continuación, pegar el cuerpo de la bicicleta en la parte superior de las ruedas por el punto donde se une la pasta de las llantas. Retirar cualquier exceso de glasé con un pincel fino.

13 Pegar las piezas elaboradas previamente en el paso 9 a los radios como se muestra en las imágenes. Una vez se han colocado, aplicar una línea de glasé real sobre el lateral del cuerpo de la bicicleta y de dichas piezas para unificar toda

la estructura y darle mayor resistencia. Cuando este lado de la bicicleta se ha secado por completo, darle la vuelta y repetir los mismos pasos. Dejar secar de nuevo.

14 Utilizar palos de brocheta para sujetar la bicicleta en posición vertical sobre una base de unicel. Modelar un trozo de pasta de modelar en forma de cuña y pegar en la parte superior del cuerpo, donde se va a colocar el asiento, con un poco de pegamento comestible. Pegar el asiento a la cuña con un toque de glasé real.

15 Pegar el manubrio en frente del asiento con un toque de glasé real y retirar el exceso con un pincel para conseguir un acabado limpio. Para añadir más detalle a la bicicleta, aplicar una línea fina de glasé a cada extremo del manubrio.

16 Una vez que la bicicleta esté completamente seca, pintarla con colorante líquido negro y dejar secar.

17 Para dar toques de luz y resaltar los relieves de la bicicleta, utilizar colorante metálico en polvo de color plata diluido con unas gotas de alcohol y aplicar pinceladas en el manillar, los bordes de las ruedas y las líneas de glasé real de los lados. Dejar secar.

CONSEJO

Podrás realizar cualquier tipo de bicicleta siguiendo esta misma técnica. Para ello, sólo tendrás que adaptar el tamaño de las ruedas y el color.

FAROL

Poste

18 Formar una bola de pasta de modelar negra e insertar en un palo de brocheta humedecido con pegamento comestible. Extender la pasta rodando el palo sobre la superficie de trabajo hasta cubrir unos 15cm de su longitud. Retirar el exceso de pasta de los extremos y dejar secar en posición vertical clavado en una pieza de unicel.

Base

19 Extender una capa de pasta de modelar blanca de 1cm de grosor y cortar un cuadrado de 3x3cm y otro de 2x2cm. Pegar el más pequeño sobre el grande con pegamento comestible. Introducir un palillo en el centro de los cuadrados para crear un

agujero en el que se insertará el soporte principal más adelante. Dejar secar.

20 Una vez seca, colocar la base sobre una pieza de unicel y clavar el poste (asegurándose de insertar parte del palo dentro del unicel). Para terminar la base del farol, extender una capa fina de pasta, cortar una tira, marcarla por el medio a lo largo, y pegarla alrededor del extremo inferior del poste con pegamento comestible. Dejar secar.

Lámpara

21 Extender una capa de pasta de modelar blanca de 2cm de espesor y presionar la pasta en ángulo con ayuda de un alisador para hacer un lado más fino que el otro. Colocar dicho lado coincidiendo con el extremo más estrecho de la plantilla, cortar la forma requerida y

dejar secar unos minutos hasta que adquiera consistencia. A continuación, hacer un agujero en el lado más fino de la lámpara con la ayuda de un palo de brocheta. Aplicar líneas de glasé real negro en cada arista de la lámpara.

22 Extender un trozo de pasta de modelar negra de 5mm de grosor y cortar dos cuadrados: uno para la parte superior de la lámpara y el otro para su parte inferior; utilizar la pieza blanca que se ha elaborado previamente como referencia para determinar el tamaño de los cuadrados. A continuación, pegar con pegamento comestible e introducir la lámpara por el palo que sobresale del poste. Pegar una tira de pasta de modelar negra entre el poste y el cuadrado de la parte inferior de la lámpara.

23 Para hacer la punta de la lámpara, modelar una pieza de pasta de modelar negra en forma de pirámide y pegar sobre el cuadrado. Para finalizar, colocar un trozo de pasta en forma de bola y otro en forma de lágrima encima.

24 Una vez la lámpara se ha secado por completo, pintar con colorante en polvo metálico de color plata diluido con unas gotas de alcohol, como se hizo anteriormente con la bicicleta.

PASTEL Y BASE

25 Extender una capa de pasta de azúcar gris y cubrir la base del pastel. Dar relieve a la pasta pasando sobre ella un rodillo con textura de piedras o adoquines. Recortar el exceso de pasta de los bordes y dejar secar. Para finalizar, rematar el contorno de la base con una cinta de color negro.

26 Cubrir el pastel con pasta de azúcar gris y pegarlo en la base ligeramente descentrado. Recortar el exceso de pasta y decorar la parte inferior con una cinta negra.

27 Introducir el palo que sobresale del poste de la lámpara a el pastel y asegurar con un toque de glasé real. Apoyar la bicicleta en el farol en la posición requerida. Por último, modelar pequeños trozos de pasta gris en forma de piedras y utilizarlos para asegurar la bicicleta.

RUEDAS DE BICICLETA

Estas galletas son la combinación idónea para acompañar al pastel principal. Para prepararlas, sigue la receta de la página 16.

Para hacer las llantas, extiende una capa de pasta de modelar de 4mm de espesor y corta anillos utilizando dos cortadores de diferente diámetro. Pega las llantas sobre cada galleta con un toque de glasé real.

Rellena el interior de los anillos con glasé fluido de color gris claro utilizando un cucurucho de papel. Deja que esta capa de glasé se seque por completo.

A continuación, dibuja líneas a modo de radios desde el centro de la galleta con un marcador de tinta comestible negro.

Por último, aplica un punto de glasé fluido en el centro, déjalo secar y píntalo con colorante metálico comestible en polvo de color plata. Asegúrate de que las galletas están secas por completo antes de envolverlas.

MOULIN ROUGE

Cuando creé este proyecto bauticé a su protagonista con el nombre de Grace; un personaje cuya amplia sonrisa rebosa glamour, mientras que sus curvas irradian gracia y femineidad. La figura de Grace es un ejemplo de cómo la belleza se puede presentar en toda clase de formas y tamaños.

Materiales comestibles

Pastel redondo de 20cm de diámetro x 6cm de alto, relleno y sellado (ver páginas 32–34)

1,4kg de pasta de azúcar/*fondant* extendido, blanco coloreado con rojo ciclamen y rojo flor de Nochebuena en pasta

Pasta de modelar: 600g beige claro (para el color piel) o ver página 46 para el tono de la piel y 180g blanco

Colorantes comestibles en pasta: rojo ciclamen, blanco, negro, fucsia y rojo flor de Nochebuena

Colorante comestible en polvo rojo ciclamen y durazno claro

Colorante comestible líquido café castaño

50g de glasé real

Goma CMC, una pizca

Utensilios

Equipamiento básico (ver página 6)

Base de pastel redonda de 25cm de diámetro

Base fina de cartón redonda de 20cm de diámetro

Cilindro de unicel de 5cm de diámetro x 10cm de alto (el diámetro puede ser mayor si no se encuentra el tamaño indicado)

Listón de color bermellón de 15mm de ancho

Plantillas (ver página 188)

CONSEJO

Este personaje se ha modelado en su totalidad con pasta de modelar beige claro. No obstante, en el caso de esta figura, es importante que la pasta tenga una mayor resistencia. Para ello, añade una pizca de goma CMC a la pasta antes de empezar a modelar.

PASTEL Y BASE

1 Cubrir el pastel con pasta de azúcar coloreada de rojo intenso. Para conseguir este color, mezclar colorante comestible en pasta rojo ciclamen con rojo flor de Nochebuena (ver página 34). Colorear 200g del total con un tono intenso de color bermellón añadiendo más ciclamen para cubrir la base (ver página 37) y reservar la pasta sobrante para más adelante.

2 Colocar el pastel en el centro de la base. Modelar un rollo largo con la pasta sobrante y pegar alrededor de la base del pastel con pegamento comestible.

3 Rematar el contorno de la base con un lazo de color bermellón y dejar secar (ver página 37).

CONSEJO

Modelar piernas lo más realistas posible puede ser algo difícil de conseguir. En este apartado se explica cómo elaborarlas paso a paso. Sigue las instrucciones y las imágenes y, con un poco de paciencia y práctica, serás capaz de crear piernas muy femeninas y con curvas.

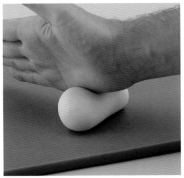
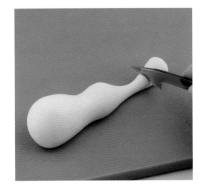
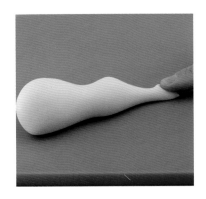
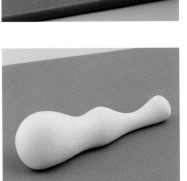

PIERNAS

4 Modelar una bola de pasta de modelar beige claro en forma de rollo grueso. Presionar el rollo por la mitad con el canto de la mano, rodando la pasta al mismo tiempo. Este movimiento ayudará a crear una hendidura para separar el muslo de la pantorrilla.

5 Afinar la pasta de la pantorrilla para crear el tobillo dejando una porción de pasta al final para el pie. Si es necesario, cortar el exceso de pasta del pie con un estique cortador para reducir su tamaño. Utilizar el dedo índice para empujar la pasta ligeramente hacia arriba y en la dirección de la pantorrilla para darle forma al talón y alisar la planta del pie.

6 Recortar la punta del pie en ángulo para formar el dedo pulgar. Dar forma al pie empujando la pasta con el dedo pulgar hacia abajo y retocar el tobillo si fuera necesario. Presionar ligeramente en la mitad de la pierna con el mango de un pincel para dar forma a la rodilla.

7 Repetir los pasos 4, 5 y 6 para hacer la segunda pierna e insertar temporalmente un palo de brocheta engrasado con margarina por el muslo de cada pierna hasta la altura de las rodillas. A continuación, clavarlas en una pieza de unicel para evitar que se aplasten y pierdan su forma redondeada durante el proceso de secado. Dejar una de las piernas extendida y la otra ligeramente doblada. Sujetar ésta última con otro palo, si fuera necesario, hasta que la pasta adquiera consistencia. Retirar los palos una vez secas.

CUERPO

8 Pinchar un cilindro de unicel de la misma altura que la pierna estirada encima de otra base de unicel, tal y como se muestra en la imagen. Dicho cilindro actuará como

CONSEJO

Este método de secado se aplica a piernas que deben mantener su forma redondeada y que no queden planas por ninguno de sus lados. En este sentido, el método de secado dependerá de la forma de las piernas y la postura del personaje. Por ejemplo, si el personaje estuviera sentado, las piernas deben secarse directamente en la posición requerida sin necesidad de introducir un palillo.

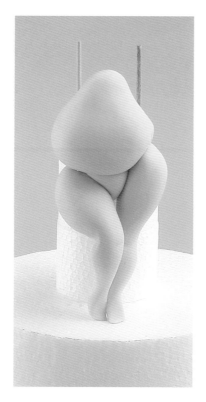
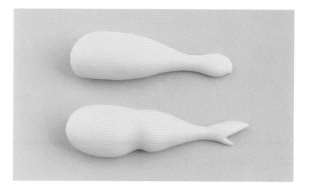

apoyo temporal mientras se construye el cuerpo de la figura.

9 Apoyar y sostener las piernas en el cilindro de unicel insertando un palillo por el extremo superior de los muslos hasta atravesarlo. Una vez se han colocado las piernas en la posición requerida, pegar una pieza triangular de pasta entre ellas para crear la pelvis y dar unidad a toda la estructura.

10 Para realizar el cuerpo, modelar un trozo de pasta en forma de pera redondeada y pegar sobre las piernas con un poco de pegamento comestible. Dejar que la pasta adquiera consistencia.

BRAZOS

11 Modelar un rollo grueso con pasta de color beige claro. Afinar uno de sus extremos

para crear la muñeca dejando una porción pequeña de pasta al final para hacer la mano. Aplanar dicha porción y cortar una V en uno de los lados para sacar el pulgar. Cortar la porción restante de la mano en ángulo con una estique cortador. En este caso no será necesario marcar los dedos ya que la figura lleva guantes.

12 Pegar los brazos a ambos lados del torso en la posición que se muestra en la imagen y alisar suavemente la pasta en la unión de los hombros con el torso con la yema de los dedos. Sostener el brazo derecho en posición vertical con un palo hasta que se seque por completo.

CABEZA

13 La cabeza y el tocado de la figura están elaborados a partir de una sola pieza. Modelar un

trozo de pasta de modelar beige claro en forma de lágrima con el extremo en trozo de pasta en forma de gota que acabe en punta, tal y como se aprecia en la imagen. Abrir la punta con un palillo para insertar las plumas.

14 Marcar la sonrisa presionando la pasta con un cortador redondo pequeño en la mitad inferior de la cara y abrir la boca con un bolillo. Dar forma a las comisuras de la boca con un estique curvo.

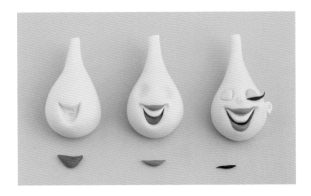

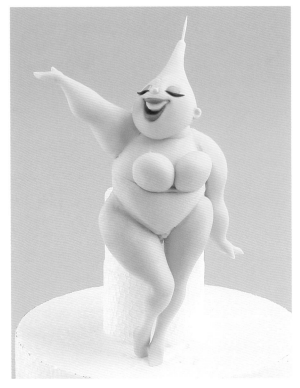

15 Formar una media luna pequeña de pasta de modelar rojo ciclamen y presionarla dentro de la boca para darle profundidad. Para hacer los dientes, hacer un rollito con puntas de pasta de modelar blanca y pegar a la parte superior de la boca con pegamento comestible. Para hacer los labios, elaborar dos rollitos con los extremos en punta de pasta de modelar de color rojo flor de Nochebuena y pegarlos en el borde inferior y superior de la boca.

16 Para hacer las cuencas de los ojos, presionar con un bolillo en la mitad superior de la cara. A continuación, formar una bola pequeña de pasta de modelar beige clara, aplastar y cortar a la mitad para obtener dos semiesferas y hacer los párpados. Pegar cada una de ellas en las cavidades de los ojos y pintar con una mezcla de colorantes en pasta

fucsia y blanco para dar sombra. Para las pestañas, estirar un rollito fino de pasta de modelar negra y dividir por la mitad. Afinar los extremos de cada rollito y pegar en el borde inferior de los párpados.

17 Para las orejas, hacer un rollito de pasta de modelar de color beige y cortar por la mitad. Modelar cada mitad en forma de óvalo y pegar a ambos lados de la cabeza siguiendo la línea de los ojos. Presionar las orejas con un bolillo pequeño para formarlas.

18 A continuación, modelar una lágrima pequeña de pasta de color beige claro para hacer la nariz y pegarla en el medio de la cara con el extremo redondo hacia abajo. Pellizcar dicho extremo para dar forma a la nariz. Pintar las cejas con un pincel de punta fina y colorante líquido café castaño. Por último, dar color a las mejillas con colorante en polvo durazno claro. Secar.

ACABADO DEL CUERPO

19 Rellenar el área del bajo vientre añadiendo una pieza de pasta triangular desde la entrepierna hasta la base de los pechos. Recortar el exceso de pasta si fuese necesario y alisar las uniones con la yema del dedo. Modelar dos bolas para crear los pechos y pegar por encima de la cintura con pegamento comestible. Presionar ligeramente en la parte inferior para darles forma.

20 Para el cuello, modelar un óvalo de pasta de modelar beige claro y pegar en la parte superior del cuerpo. Aplanar ligeramente e insertar la cabeza en la posición requerida.

TRAJE

21 Para delinear el traje, modelar varios rollitos finos de pasta De modelar blanca y pegarlos en la entrepierna, en los pechos y la línea de la frente para trazar la parte frontal y trasera del tocado. Pegar otro rollito alrededor de la punta del tocado y dos más en cada antebrazo para crear el borde de los guantes. Terminar la decoración del tocado colocando dos caracolillos al lado de cada oreja.

22 Para dar unidad a toda la pieza, pincelar el traje, los guantes y el tocado con glasé real de consistencia media utilizando un pincel. Puntear la superficie para crear una textura rugosa e irregular.

PLUMAS DEL TOCADO

23 Modelar varios rollitos con sus extremos en punta de pasta de modelar blanca. Rizar un extremo para darles forma de pluma y dejar que tomen consistencia. A continuación, insertar un palillo en una de las plumas y pegar el resto alrededor para dar volumen. Una vez secas, insertar en el tocado y pegar con un toque de glasé real. Modelar más rollitos para cubrir la unión de las plumas con el tocado y conseguir así un acabado limpio.

COLUMNA Y ESCALERAS

24 Amasar la pasta de azúcar sobrante con una pizca de CMC para cubrir la columna y hacer las escaleras.

25 Cubrir la parte superior y los laterales del cilindro por separado. Espolvorear la superficie de trabajo con azúcar glas y extender una capa fina de pasta de azúcar. Pincelar la parte superior del unicel con glasé real de consistencia media o con pegamento comestible y pegar a la pasta. Recortar el exceso de pasta con un cúter.

26 Para cubrir los lados, extender una capa fina de pasta y cortar una tira de la misma altura que el cilindro. Pincelar la superficie de la pasta con pegamento comestible. Poner el cilindro sobre uno de los extremos de la tira y enrollarlo con la pasta hasta cubrir todo su contorno. Cortar el exceso de pasta con un cuchillo afilado y dejar secar.

27 Para hacer las escaleras, extender una capa de 5mm de grosor y cortar tres círculos utilizando la plantilla de la página 188.

A continuación, superponer y pegar los círculos sobre una base fina de cartón de 15cm de diámetro. Esta base de cartón se apoya sobre las varillas de plástico insertadas en el pastel para evitar que la estructura se hunda.

28 Pegar el cilindro a las escaleras con un toque de glasé real o pasta blanda. Dejar secar por completo antes de colocar la figura.

29 Retirar la figura del cilindro de unicel temporal y pegarla en la columna con un poco de pasta de modelar blanda. Los palillos que sobresalen de la parte trasera de cada muslo (ver paso 9) ayudarán a que la figura se sujete cuando estos sean insertados en la columna definitiva.

Nota: Si se utiliza un pastel relleno de *ganache* de chocolate o crema de mantequilla, es recomendable insertar varillas, tal como se explica en la página 38, para prevenir que la figura se hunda. Si el pastel es de frutas, no habrá necesidad de insertar dichas varillas. Colocar la figura completa, con las escaleras y el pilar incluidos, centrada en la parte superior del pastel.

BOA

30 Estirar un trozo de pasta de modelar blanca en forma de rollo. Colocarlo sobre el brazo derecho, pasarlo por la espalda, por encima del brazo izquierdo y dejar caer el resto sobre las escaleras y el pastel sin pegarlo. Dejar que la pasta adquiera

consistencia en la posición requerida unas horas. Luego, retirar y dar textura a toda la superficie con glasé real rosa. Una vez seco, pintar con colorante comestible en polvo rojo ciclamen y colorante en pasta blanco. Para finalizar, colocar la boa de nuevo en la figura y asegurarla con toques de glasé real.

CONSEJO

Para evitar daños en el traslado, transportar la figura junto con el pilar separados del pastel. La base fina de cartón que se ha colocado debajo de las escaleras ayudará a levantar la pieza fácilmente y evitará además que las varillas insertadas en el pastel dañen la decoración.

DULCES DE NARANJA

Deleita a tus invitados con estos deliciosos dulces de naranja siguiendo la receta de las páginas 13–14. Hornéalos en moldes semiesféricos de silicón y cúbrelos con tonos de *fondant* líquido que combinen con los colores utilizados en el proyecto principal. Para cubrirlos, sigue las instrucciones de la receta y preséntalos en coloridos contenedores de papel.

RECIÉN CASADOS

La tradición de decorar un pastel con una pareja de novios ha estado vigente desde hace décadas. Tanto Elio como yo quisimos presentar una idea un poco más contemporánea basándonos en la vestimenta de nuestros destinatarios. En este proyecto, se ha utilizado una técnica que he denominado "collage en 3D", la cual nos permite lograr las proporciones adecuadas de cada parte de nuestras figuras siguiendo las plantillas como guía.

Materiales comestibles

Pastel redondo de 20cm, relleno y sellado (ver páginas 32–34)

1,2kg de pasta de azúcar/*fondant* extendido color blanco

Pasta de modelar: 220g color crema, 50g beige claro y 200g blanco; 100g negro, 20g rojo ciclamen, 20g blanco coloreado con colorante comestible en pasta fucsia

Colorantes comestibles en pasta: café oscuro, blanco, fucsia

Colorante comestible en polvo rosa pastel

Colorantes comestibles líquidos: café castaño, rojo amapola

50g de glasé real de SK blanco

Utensilios

Equipamiento básico (ver página 6)

Base de pastel redonda de 28cm de diámetro

Base de unicel de 11cm de diámetro x 7cm de alto

Cortadores en forma de flor de seis pétalos pequeños y medianos

Almohadilla de esponja

Listones de color blanco de 15 y 25mm de ancho

Listón negro de 7mm de ancho

Plantillas (ver página 189)

NOVIA

Vestido

1 Para hacer la falda, modelar una bola sin grietas con 150g de pasta de modelar color crema y, acto seguido, transformarla en un cono. Aplanar ligeramente con la palma de la mano y colocar la pasta sobre la plantilla para ajustar las medidas. Recortar el exceso de pasta de las partes superior e inferior del cono con un cuchillo de hoja lisa. Insertar un palo de brocheta en la base hasta ¾ partes de la altura del vestido.

CONSEJO

Engrasa el palo con un poco de margarina para poder insertarlo y retirarlo con mayor facilidad cuando sea necesario.

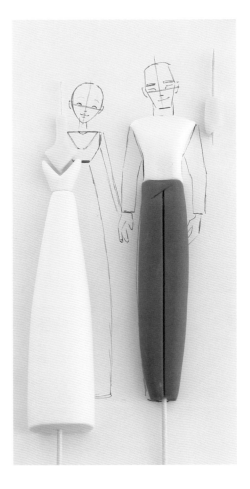

2 Modelar una lágrima con 20g de pasta de modelar de color crema para hacer el "top" del vestido y aplanar ligeramente. Recortar el exceso de pasta de los extremos siguiendo la plantilla como referencia. El ancho del top y de la falda deben coincidir para que ambas piezas encajen. Para hacer el escote, cortar el extremo superior de la pasta en forma de V con un cuchillo o con la punta de un cortador en forma de lágrima.

3 Para elaborar el pecho y el cuello, modelar un trozo de pasta de modelar beige claro en forma de botella aplanando su parte más ancha. Cortar el extremo inferior en forma de V para que coincida con el escote del top y unir ambas piezas con pegamento comestible. A continuación, insertar

un palillo a través del cuello y el torso dejando que sobresalga un poco para poder insertar la cabeza de la figura más adelante. Dejar secar sobre una superficie plana.

Cabeza

4 Hacer una lágrima redondeada con 15g de pasta de modelar beige claro. A continuación, marcar la sonrisa en la mitad inferior de la cara presionando la pasta con un cortador redondo pequeño. Para la nariz, modelar un óvalo pequeño y pegarlo encima de la sonrisa.

5 Utilizar un pincel de punta fina para dibujar los rasgos de la cara. En primer lugar, pintar los ojos (pestañas) con colorante comestible líquido café castaño dibujando dos líneas curvas sobre la línea media de la cara. En segundo lugar, pintar la sombra de los párpados con colorante café

líquido mezclado con colorante en pasta blanco. Por último, pintar los labios con colorante líquido rojo amapola.

6 Para las orejas, modelar dos óvalos pequeños y pegar a ambos lados de la cabeza siguiendo la línea de los ojos. Presionar cada uno de ellos con un bolillo pequeño para darles forma. Por último, dar color a las mejillas con colorante en polvo rosa pastel y dejar secar.

7 Modelar una lágrima plana de pasta de modelar café oscuro para hacer el cabello y pegar en la parte trasera de la cabeza con pegamento comestible. Presionar la pasta con un palillo para darle textura al fleco. Insertar un palillo de manera temporal para clavar la cabeza en un bloque de unicel y dejar secar en posición vertical.

8 Para hacer el chongo, modelar un trozo de pasta de modelar café

oscuro en forma de lágrima y pegar por detrás y por encima del pelo llevando la pasta ligeramente hacia un lado. Utilizar un palillo para darle textura como en el paso anterior y clavar la cabeza de nuevo en el bloque de unicel para que se seque en posición vertical y evitar que el pelo se aplaste.

9 Modelar un trozo de pasta de modelar color crema en forma de rollito con los extremos en punta para crear la diadema. Pegar sobre la unión entre el chongo y el cabello con pegamento comestible.

Ensamblaje del cuerpo

10 Una vez que el vestido se haya secado, clavarlo en una base de unicel. Pegar el top a la falda con un punto de pasta de modelar blanda y cubrir la unión con una tira de pasta color negro.

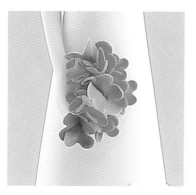

11 Para hacer los brazos, modelar un rollito fino de pasta de modelar beige claro y afinar en un extremo para crear la muñeca y dar forma a la mano. Pegar el brazo derecho a un lado del torso y en la parte frontal del vestido con pegamento comestible. Dejar secar.

CONSEJO

Como las figuras se están agarrando de la mano, no tendrás que modelar el brazo izquierdo de la novia hasta que coloques la figura del novio a su lado.

12 Para hacer las flores que adornan el vestido, untar ligeramente la superficie de una tabla antiadherente con margarina y extender una capa fina de pasta de modelar blanca. Cortar flores de tamaño mediano y pequeño con cortadores de flor de seis pétalos. A continuación, colocar las flores en una almohadilla de esponja y presionar un bolillo pequeño en el centro de cada pétalo para darles forma. Para terminar, dar la vuelta a las flores y presionar el bolillo en el centro de cada una de ellas. Dejar secar.

RAMO

13 Extender una capa fina de pasta de modelar color fucsia y otra de rojo ciclamen y cortar varias flores pequeñas. Suavizar los bordes con un bolillo mediano y pellizcar la pasta para darles forma. Una vez

secas, pegarlas con glasé real en la parte delantera del vestido y sobre la mano derecha de la novia.

14 Para hacer el encaje del vestido, pegar flores blancas de diferentes tamaños en la parte frontal con puntos de glasé real blanco. Pegar flores pequeñas en el centro de las medianas y completar el diseño con pequeños puntos y comas de glasé blanco entre las flores. Utilizar también el glasé para delinear el cuello del vestido.

15 Introducir la cabeza en el palillo que sobresale del cuello y asegurar con un punto de glasé real. Sostener la cabeza con varios palitos en la posición requerida hasta que se seque por completo.

Las cabezas con forma cuadrada dan una apariencia masculina. Para elaborarlas, empieza modelando la pasta en forma de lágrima redondeada y, a continuación, dale la forma cuadrada alrededor de la línea de la mandíbula. Rasgos como cejas anchas o una nariz grande, también darán un toque masculino a la figura.

NOVIO

Piernas y cuerpo

16 Para conseguir el tono gris de los pantalones, amasar 80g de pasta de modelar blanca con un trozo pequeño de pasta de modelar negra. Modelar en forma de rollo, haciendo uno de los extremos más estrecho y aplanar ligeramente. Colocar la pieza sobre la plantilla y recortar el exceso de pasta de los extremos para ajustar su tamaño. Presionar con el canto de una regla para crear la separación de las piernas. Por último, insertar un palo de brocheta por la base hasta 2/3 partes de la altura del pantalón.

17 Para hacer el torso, extender 30g de pasta de azúcar blanca del mismo grosor que los pantalones y recortar siguiendo la forma de la plantilla. Pegar a las piernas y dejar secar en una superficie plana.

18 Para el cuello, modelar un rollito de pasta de modelar beige claro siguiendo la plantilla como guía. Pegar al torso e insertar un palillo dejando que sobresalga un poco por arriba. Dejar secar todo el cuerpo en una superficie plana.

Cabeza

19 Para hacer la cabeza, modelar 15g de pasta de modelar beige claro en forma de lágrima y aplanar ligeramente la mitad inferior. Colocar la pieza en la plantilla y recortar el exceso de pasta alrededor de la línea de la mandíbula para dar a la cara una forma cuadrada.

20 Marcar la sonrisa en la mitad inferior de la cara presionando la pasta con un cortador redondo. Hacer un hoyuelo en la comisura superior de la boca con la punta de un palillo. A continuación, modelar un trozo pequeño de pasta de modelar beige claro en forma de óvalo y pegar encima de la sonrisa para crear la nariz.

21 Dibujar las pupilas sobre la línea media de la cara con un marcador de tinta comestible negro. Con el mismo marcador, dibujar una línea por encima de cada ojo para hacer las pestañas. Con un pincel fino y colorante blanco pintar una línea por debajo de las pestañas y con el mismo pincel, pintar las cejas con colorante líquido café castaño. Por último, hacer las orejas y dar color a las mejillas del mismo modo como se hizo con la figura de la novia. Dejar secar.

22 Para el cabello, modelar una lágrima de pasta de modelar negra y pegar con pegamento comestible desde la parte trasera de la cabeza hacia la frente. Hacer algunas marcas en la pasta con un palillo para darle textura. Insertar un palillo engrasado con margarina en la parte inferior de la cabeza y colocarla sobre una pieza de unicel en posición vertical. Dejar secar.

23 Una vez que los pantalones, el torso y el cuello hayan

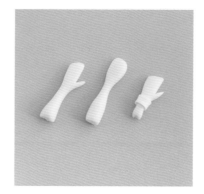

tomado consistencia, insertar la figura en una base de unicel para poder añadir el resto de los detalles con mayor facilidad.

Jacquet, corbata y chaleco

24 Para hacer el cuello de la camisa, extender una capa fina de pasta de modelar blanca y cortar una tira de aproximadamente 1cm de largo. Pegar alrededor del cuello y cortar los extremos en ángulo.

25 Extender una capa fina de pasta de modelar rojo ciclamen y cortar el chaleco utilizando la plantilla como guía. Pegar en la parte frontal del torso con pegamento comestible. Dibujar dos botones pequeños con un marcador de tinta comestible negro.

26 Para hacer la corbata, amasar los restos de pasta de modelar rojo ciclamen con un toque de colorante en pasta fucsia y extender una capa fina. Cortar la forma de la corbata y pegar en el medio del torso.

27 Extender una capa fina de pasta de modelar negra y cortar el jacquet siguiendo la plantilla. Ubicar el jacquet un poco más arriba del torso y pegarlo sobre la espalda y los laterales con pegamento comestible. Unir los sobrantes de pasta del extremo superior y cortar el exceso con unas tijeras siguiendo la línea de los hombros.

28 Para hacer las solapas, extender una capa fina de pasta de modelar negra y recortar una tira siguiendo la plantilla. Pegar alrededor del cuello y en la parte frontal del jacquet con pegamento comestible.

Pegar una flor en la solapa izquierda cuando la pasta está todavía blanda. Aplicar puntos de glasé real en el centro y alrededor de la flor.

29 Modelar 20g de pasta de modelar negra en forma de rollo para hacer los brazos y dividir por la mitad. Modelar cada brazo siguiendo el tamaño de la plantilla, recortar el extremo superior en angulo y pegar al torso. Dejarlos secar en la posicion requerida.

CONSEJO

Ubica el brazo derecho ligeramente separado del torso. Para ello, coloca un trocito de pasta entre el brazo y el cuerpo durante el proceso de secado.

Manos

30 Modelar 10g de pasta de modelar beige claro en forma de rollo y dividir por la mitad. Afinar la pasta en un extremo para crear la muñeca dejando una porción de pasta al final para hacer la mano. Aplanar y cortar una V a un lado para crear el dedo pulgar. Cortar la porción restante en ángulo y dejar secar.

31 Para hacer los puños de la camisa, extender una capa fina de pasta de modelar blanca y cortar dos tiras de 5mm de ancho. Pegarlas alrededor de las muñecas con pegamento comestible y recortar el exceso de pasta de los extremos con unas tijeras. Pegar las manos a los brazos.

32 Insertar la cabeza del novio, ligeramente inclinada, en el palillo que sobresale del cuello.

Asegurar y sostener de la misma forma que para la cabeza de la novia.

ENSAMBLAJE

33 Para preparar la base donde se ubicarán las figuras, cubrir el cilindro de unicel con pasta blanca siguiendo la misma técnica que para cubrir un pastel (ver página 38). Rematar con listón blanco y negro

alrededor de la base y dejar secar.

34 Para colocar los novios de forma segura sobre su base, insertar primero un palo en el lugar donde se ubicarán las figuras. Retirar el palo interno de cada figura y ensartarlas en los palos insertados en la base.

35 Una vez se han colocado las figuras sobre su base, modelar el brazo izquierdo de la novia, pegarlo

CONSEJO

Es recomendable retirar el palo del interior de cada figura en lugar de intentar clavarlas directamente en el unicel con el palo incluido ya que, si la pasta no está del todo seca en el interior, se corre el riesgo de perforar la figura en el momento de ejercer presión contra la base. Si el palillo estuviera muy pegado dentro de la figura y no se pudiera sacar, haz un agujero en el unicel con otro palillo antes de insertar la pieza. De esta manera, la presión al clavar las figuras será menor.

al torso y ubicar su mano sobre la del novio. Dejar secar. No pegar las manos en caso de que se necesite transportar las figuras separadas.

36 Cubrir el pastel y la base con pasta de azúcar blanca (ver páginas 34–37). A continuación, pegar el pastel en el centro de la base y rematar superponiendo listones de color blanco y negro. Ubicar y pegar las figuras de los novios con su base de unicel en el centro del pastel.

CONSEJO

En este proyecto, las figuras no son excesivamente pesadas por lo cual no será necesario colocar varillas en el interior del pastel inferior. No obstante, si te preocupa que las figuras pudieran hundirse, sigue las instrucciones de la página 38 antes de colocar la base de unicel.

MINI CAKES NUPCIALES

Podrás crear estos pasteles nupciales tomando como referencia el pastel principal y utilizando como decoración las mismas flores que en el vestido de la novia. Simplemente, tendrás que cubrir cada mini cake siguiendo las instrucciones de la página 34 y cortar flores de varios tamaños para hacer diferentes diseños. Remata cada pastel con un listón estrecho en la base y preséntalos en pequeñas cajas de regalo para impresionar a tus invitados.

La idea original de este proyecto incluía cinco personajes interactuando. Sin embargo, durante el proceso de adaptación del boceto en papel al modelado en pasta de azúcar, consideré que dos niños haciendo una batalla de bolas de nieve eran suficientes para decorar el pastel. Mi intención con esta escena invernal es capturar el sentimiento de alegría y felicidad de los niños.

JUGANDO EN LA NIEVE

Materiales comestibles

Dos pasteles semiesféricos (ver página 11); uno de 12cm de diámetro x 7cm de alto y el otro de 9cm x 5cm

750g de pasta de azúcar blanca/ *fondant* extendido blanco

Pasta de modelar: 100g beige claro y 370g blanco

Colorante comestible en pasta: café oscuro, verde oscuro, blanco, fucsia, negro, lila, verde olivo, rojo amapola, naranja terracota

Colorante comestible pastel en polvo color durazno claro

Colorantes comestibles líquidos: morado oscuro y café castaño

20g de glasé real (opcional)

Papel de arroz

Utensilios

Base de pastel redonda de 25cm de diámetro

Listón de color azul claro de 15mm de ancho

Plantillas (ver página 190)

NIÑA

Abrigo y pantalones

1   Para hacer el abrigo, colorear 30g de pasta de modelar con colorante comestible en pasta fucsia. Reservar un poco para los brazos y modelar el resto en forma de cono. Insertar un palillo en la punta dejando que sobresalga un poco por la parte de arriba para colocar la cabeza más adelante. Para hacer el cuello, modelar un rollito de pasta de modelar negra y cubirir el palillo.

2   Modelar un rollo de pasta de modelar lila con los extremos en punta para hacer las piernas y cortar a la mitad. Afinar cada pieza a un centímetro del extremo en punta para crear los tobillos y doblar para darle forma a los pies. Pellizcar ligeramente la pasta en ángulo para hacer los talones. Pintar los extremos en punta con colorante comestible líquido morado oscuro para delinear los zapatos (también se puede hacer con colorante comestible en pasta negro añadiendo unas gotas de agua fría, previamente hervida). Una vez que las piernas se han secado, pegar a la parte inferior del cono en la posición requerida con pasta de modelar blanda.

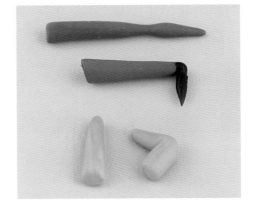

3   Para los brazos, modelar un rollito de pasta de modelar fucsia con extremos redondeados y dividir por la mitad. Doblar una de las partes en ángulo y dejar la otra recta. Una vez secas, pegar a ambos lados del cono con un poco de pasta blanda y dejar secar.

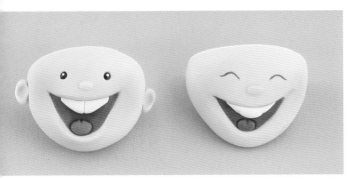

Cabeza

4 Modelar 30g de pasta de modelar de color beige claro en forma de lágrima redondeada. A continuación, hacer la hendidura de la sonrisa en la mitad inferior de la cabeza con un cortador redondo. Abrir la boca con un bolillo pequeño debajo de la sonrisa y darle forma con la punta de un estique curvo. Modelar una media luna de pasta naranja terracota y pegarla en la boca para darle profundidad.

5 Para hacer la lengua, modelar una bola pequeña de pasta de modelar de color rojo amapola y aplanarla. Pegarla a la parte inferior de la boca con pegamento comestible. A continuación, modelar un rollito de pasta de modelar blanco con extremos en punta para hacer los dientes y pegar en la parte superior de la boca. Para la nariz, modelar un óvalo de pasta de color beige claro y pegarlo sobre la boca, en el medio de la cara.

6 Dar color a las mejillas con colorante comestible durazno claro. Para dibujar los ojos a cada lado de la nariz, utilizar un pincel de punta fina y colorante comestible líquido morado oscuro (o colorante comestible en pasta negro diluido en agua). Pintar las cejas del mismo modo que los ojos con colorante líquido café castaño.

7 Una vez se hayan terminado todos los rasgos faciales, cortar la parte superior de la cabeza con un cúter, tal y como se muestra en la imagen para poder colocar la capucha del abrigo más adelante. Dejar secar.

Capucha

8 Modelar una porción de pasta de modelar de color naranja terracota con un toque de rojo amapola en forma de lágrima redondeada. La cantidad de pasta de azúcar que se necesita para hacer la capucha es casi la misma que la utilizada para la cabeza. Pegar en la parte trasera de la cabeza colocando el extremo con la punta hacia abajo. Presionar la pasta hacia la frente con la palma de la mano. Insertar la cabeza en el palillo que sobresale del cuerpo y colocar en la posición requerida. Dejar secar.

9 Para hacer el forro blanco de la capucha, modelar un rollo de pasta de modelar blanco con extremos en punta y pegar alrededor de la capucha con pegamento comestible. Recortar el exceso de pasta en el punto de unión si fuese necesario. Modelar otro rollito de pasta blanca y pegar alrededor del borde inferior del abrigo.

10 Para hacer los puños, modelar dos bolas pequeñas de pasta de modelar blanca y pegarlas en ambos brazos. Abrir un agujero en cada puño utilizando el mango de un pincel para insertar los guantes en el siguiente paso.

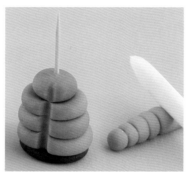

11 Modelar un rollito de pasta de modelar de color lila y dividir por la mitad. Dar forma de lágrima a cada una de las partes y con el filo de un cuchillo, marcar el dedo pulgar. Pegar a los puños por el extremo en punta con un poco de pegamento comestible y ubicarlos como se muestra en la imagen.

NIÑO

Piernas y cuerpo

12 Para hacer las piernas, modelar 40g de pasta de modelar de color verde oscuro en forma de rollo con los extremos más estrechos y doblar a la mitad. Levantar y plegar por el extremo doblado para conseguir la posición de rodillas. Para los zapatos, modelar dos porciones pequeñas de pasta de modelar negra en forma de lágrima y pegar en los extremos de las piernas con pegamento comestible. Dejar secar.

13 Colorear 30g de pasta de modelar blanca con colorante comestible en pasta verde olivo. Separar un tercio del total para los brazos. Con el resto de pasta modelar un rollo y afinar un extremo para dar forma a la chamarra. Presionar el contorno de la pasta con el filo de un estique para crear el efecto deseado. Para hacer los remates, modelar una bola de pasta negra, aplanar y pegar a la base de la chamarra.

14 Hacer una hendidura en la parte frontal de la chamarra con el mango de un pincel para crear el cierre. A continuación, modelar un rollito de color negro y pegar en el hueco. Insertar un palillo por el cuello para colocar la cabeza más adelante y dejar secar.

15 Una vez que el torso y las piernas están secos, unirlos con pasta blanda. Para hacer las mangas, modelar un rollito con la pasta de color verde olivo que se ha separado anteriormente y cortar por la mitad. Hacer marcas del mismo modo que la chamarra. Si es necesario, cortar el exceso de pasta del extremo para conseguir el largo deseado. Dejar secar en el ángulo necesario y, una vez secos, pegar a ambos lados del torso con pasta blanda en la posición requerida.

Cabeza

16 Hacer la cabeza, la boca y la nariz siguiendo los mismos pasos que en la figura de la niña. Abrir las cuencas de los ojos con la punta de un palillo y rellenar con glasé real de color negro. Pintar un punto de color blanco en cada ojo con un pincel de punta fina y colorante comestible en pasta de color blanco.

17 Para las orejas, modelar dos bolas pequeñas de pasta de modelar de color beige claro y pegar a ambos lados de la cabeza. Presionar con un bolillo pequeño para darles forma. Pintar las cejas y dar color a las mejillas como en la figura de la niña. Por último, recortar la parte superior de la cabeza y dejar secar.

18 Colorear un trozo pequeño de pasta de modelar de café oscuro y modelar en forma de lágrima para elaborar el cabello. Pegar

a la parte de atrás de la cabeza con pegamento comestible y con la parte en punta mirando hacia abajo. Recortar el exceso de pasta y reservar para más adelante.

19 Para el gorro, hacer una semiesfera de pasta de color verde oscuro. Presionar la pasta con las cerdas de un cepillo para simular la textura de la lana y pegar en la cabeza. Insertar la cabeza en el palillo que sobresale del torso. Dejar que la pasta adquiera consistencia antes de añadir el resto de los detalles del gorro.

20 Para terminar el gorro de lana, extender una capa de pasta de modelar de color verde olivo y cortar una tira. Darle la misma textura que al gorro y pegar alrededor de la unión del gorro y la cabeza recortando el exceso de pasta por la parte trasera. Realizar varias

marcas a lo largo de la pasta con un cuchillo. Hacer el pompón modelando una bola de pasta verde oscura. Dar textura con el cepillo y pegar al gorro. Por último, añadir las patillas.

21 Hacer los guantes con pasta de modelar de color negro siguiendo los mismos pasos que para la figura de la niña. Pegar en la posición requerida tal y como se muestra en la imagen.

PASTEL

22 Ubicar los dos pasteles semiesféricos hacia la parte posterior de la base. Asegurarlos y sellar el migajón con crema de mantequilla o cajeta.

23 Extender una capa de pasta de azúcar blanca y cubrir conjuntamente los pasteles y la base. Acomodar la pasta con las palmas de las manos y recortar el exceso de los bordes de la base con un cuchillo. Realizar marcas en la pasta cuando todavía está blanda para darle textura y simular la nieve. Rematar el contorno de la base con un listón de color azul claro.

ÁRBOLES

24 Dibujar las siluetas de los árboles en papel de arroz utilizando la plantilla y recortar con tijeras. Pegar detrás de los montículos con un toque de glasé real.

25 Colocar las dos figuras en la posición requerida asegurándolas a la base con un toque de glasé real o pasta de azúcar blanda. Modelar bolas de nieve con pasta de azúcar blanca y pegar una en la mano del niño y el resto alrededor de la niña para completar la escena invernal.

CONSEJO

Si se han utilizado soportes no comestibles en las figuras —como palillos o palos de brocheta—, asegúrate de informar al destinatario para que se retiren del pastel antes de servir.

CAKE POPS DE MALVAVISCO

Sigue la receta de la página 23 para hacer estos sabrosos malvaviscos de vainilla con forma de bolas de nieve. Distribuye la mezcla en los huecos semiesféricos de un molde de silicón con la ayuda de una manga pastelera. Espolvorea coco rallado por encima cuando la mezcla está todavía blanda e inserta un palo de paleta en el centro de cada una de las bolas de nieve. Deja que la mezcla tome consistencia.

A continuación, desmolda las bolas presionando el molde de silicón por la parte de abajo.

Reboza las semiesferas de malvavisco por coco rallado para darles textura al sacarlas del molde y estarán listas para comer.

¡SANTA CLAUS YA ESTÁ EN CAMINO!

En Navidad, acompañado por la magia de esta época tan especial, Santa Claus nos obsequia a todos con alegría y regalos.

Materiales comestibles

Pastel redondo de 7cm de diámetro x 6cm de alto

Pastel redondo de 10cm de diámetro x 10cm de alto

Pastel redondo de 15cm de diámetro x 10cm de alto

1.2kg de mazapán (opcional)

Alcohol comestible (si se utiliza mazapán), nunca se deben utilizar alcoholes industriales

Pasta de azúcar/*fondant* extendido:

Para el piso inferior: 350g de blanco coloreado con colorante comestible en pasta verde oscuro y 350g de blanco coloreado con colorante comestible en pasta verde olivo

Para el piso intermedio: 450g blanco

Para el piso superior: 50g blanco, 50g blanco coloreado con colorante comestible en pasta azul hortensia y 150g blanco coloreado con colorante comestible en pasta verde olivo

Para la base: 350g blanco

Pasta de modelar: 60g color beige claro, 60g blanco y 60g blanco coloreado con rojo flor de Nochebuena, 50g de blanco coloreado con verde oscuro, 30g de blanco coloreado con rojo amapola y 50g de blanco coloreado con verde lima

100g de pastillaje

Colorantes comestibles en pasta: verde oscuro, verde hiedra, azul hortensia, negro, verde olivo, rojo amapola y verde lima

Colorante comestible en polvo metálico oro antiguo

50g de glasé real

Utensilios

Equipamiento básico (ver página 6)

Base de pastel cuadrada de 28cm

2 bases de pastel redondas o cuadradas de 23cm

3 bases finas de cartón redondas de 7cm, 10cm y 15cm de diámetro

2 cortadores pequeños en forma de flores diferentes

Cortador pequeño en forma de hoja

Listón color verde oscuro de 15mm de ancho

Plantilla para la estrella (ver página 190)

BASE DEL PASTEL

1. Extender una capa de 350g de pasta de azúcar blanca de 3 a 4mm de grosor y cubrir la base del pastel. Pasar un alisador para eliminar cualquier imperfección y dejar la superficie plana. Recortar el exceso de pasta de los bordes con un cuchillo de hoja lisa.

2. Para dar textura a la base, diluir colorante comestible en pasta verde hiedra con unas gotas de agua fría, previamente hervida y utilizar un cepillo de dientes para dar color a la base utilizando la técnica de salpicado (ver página 47). Dejar secar.

3. Rematar el contorno de la base pegando una cinta autoadherible de color verde oscuro.

SANTA CLAUS

Cuerpo y cabeza

4. Para hacer el cuerpo, modelar 20g de pasta de modelar de color rojo amapola en forma de lágrima e insertar un palillo seco por el extremo en punta, dejando que sobresalga por la parte de arriba.

5. Modelar una bola de 20g de pasta de modelar de color beige claro para hacer la cabeza e insertar en el palillo.

6. Para el cinturón, modelar un rollo fino de pasta de modelar blanca y pegar alrededor de la mitad inferior del

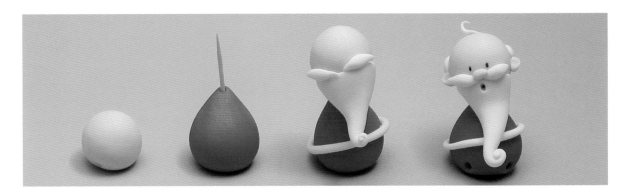

cuerpo ligeramente ladeado. Hacer dos agujeros en la parte inferior del cuerpo para insertar las piernas más adelante. Dejar secar.

7 Para hacer la barba, modelar un cono de pasta de modelar blanca y pegarlo por su base a la parte inferior de la cabeza con pegamento comestible. Para hacer el bigote, modelar dos rollitos de pasta blanca con extremos en punta y pegar por encima de la barba. Abrir la boca entre la barba y el bigote con la punta de un palillo.

8 Modelar un óvalo pequeño de pasta de modelar de color beige claro para hacer la nariz y pegarlo en el medio del bigote. Para las orejas, modelar dos bolas pequeñas del mismo color y pegar a ambos lados de la cabeza, siguiendo la línea de los ojos. Presionar con un bolillo pequeño para darles forma.

9 Para el cabello, hacer un rollo de pasta de modelar blanca y pegar de oreja a oreja en la parte trasera de la cabeza presionando ligeramente para aplanar el rollo. Formar un rollito fino con los extremos en punta y pegar en el medio de la cabeza como se muestra en la imagen.

10 Dibujar los ojos utilizando un pincel fino con colorante negro. Pintar un punto blanco con ayuda de un palillo y colorante comestible en pasta blanco para dar expresión a la mirada. Por último, para hacer las cejas, modelar dos lágrimas pequeñas de pasta de modelar blanca y pegarlas sobre cada ojo.

PIERNAS Y ZAPATOS

11 Hacer las piernas y las botas en una sola pieza. Para ello, modelar un rollo fino de pasta de modelar blanca con uno de sus extremos alargado y en punta. Rizar el extremo y pellizcar la pasta para hacer un ángulo recto y crear el talón. Repetir la acción para la otra pierna y dejar secar.

12 Una vez secos, pintar los zapatos con un pincel fino y colorante en pasta negro diluido con unas gotas de agua fría, previamente hervida. A continuación, pintar dos rayas rojas con colorante en pasta rojo amapola diluido para los calcetines. Dejar secar.

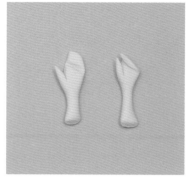

13 Introducir las piernas en los agujeros de la parte inferior del cuerpo asegurándolas con un poco de pegamento comestible.

BRAZOS Y MANOS

14 Modelar un rollo de pasta de modelar beige claro y dividir por la mitad. A continuación, afinar cada rollito en forma de cuello de botella para crear las muñecas, dejando una porción de pasta al final para la mano. Aplanar las manos y hacer un corte en forma de V en uno de los lados para sacar el dedo pulgar. Recortar el resto de la mano en ángulo. Para doblar los dedos de la mano izquierda, hacer una marca en la palma de la mano con un palillo y plegar por dicha marca. Dejar secar.

15 Para las mangas, cortar en mitades un rollo de pasta de modelar de color rojo amapola. Hacer uno de los extremos de cada rollito un poco más estrecho que el otro. A continuación, doblar uno de los rollitos en ángulo para hacer el brazo derecho. Para conseguir que el brazo izquierdo quede recto y no se caiga, introducir un trozo de palillo por el extremo más estrecho de la manga e insertar en el cuerpo asegurándolo con pegamento comestible. Pegar el otro brazo al torso en la posición requerida.

16 Para hacer los puños del traje, modelar dos bolas pequeñas de pasta de modelar blanca, pegar a las mangas y hacer un agujero con el mango de un pincel para insertar las manos. Cortar el excedente de pasta de

las muñecas en punta e introducirlas por los agujeros colocándolas en la posición requerida. Asegurar las manos con pegamento comestible.

ESTRELLA

17 Extender una capa fina de pastillaje y cortar una estrella utilizando la plantilla de la página 190. Dejar secar en una superficie plana.

CONSEJO

Haz una estrella de repuesto por si una se rompe.

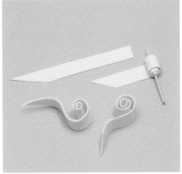

18 Una vez seca, pintar con colorante en polvo oro antiguo mezclado con unas gotas de alcohol. Por otro lado, pintar un trozo de palillo seco con colorante en pasta negro diluido y pegar a la parte trasera de la estrella con glasé real. Una vez seca, introducir el palillo en el brazo izquierdo.

MOÑOS

19 Extender una capa fina de pasta de modelar verde lima sobre una superficie antiadherente previamente engrasada con margarina para hacer las cintas de las cajas de regalo. Cortar tiras de 1cm de ancho con un cuchillo grande de hoja lisa para conseguir un corte limpio. Cortar uno de los extremos en ángulo y dejar el otro recto. A continuación, enrollar la tira empezando por el extremo recto

ayudándose de un palillo para ajustar y enrollar la pasta fácilmente. Retirar el palillo y dejar que el lazo se seque de lado ligeramente suelto.

CONSEJO

Si las tiras están muy húmedas espolvorea la superficie con Maicena para que absorba el exceso de humedad de la pasta antes de enrollarlas.

20 Para hacer los lazos, cortar tiras de pasta de modelar verde oscuro de 1,5cm y 2cm de ancho. Humedecer los extremos con pegamento comestible, juntarlos y dejar secar de lado. Cortar más tiras con la pasta sobrante y dejarlas secar de lado ligeramente onduladas.

CUÑAS DE PASTILLAJE

21 Extender una capa de pastillaje de 1cm de grosor. Presionar la pasta en ángulo con un alisador para hacer uno de sus extremos más fino. A continuación, utilizar cortadores redondos para cortar un círculo de 5cm y otro de 8cm de diámetro.

CONSEJO

Es importante que las cuñas de pastillaje se sequen por completo antes de montar el pastel ya que soportan el peso del segundo y tercer piso y dan a el pastel su apariencia inclinada.

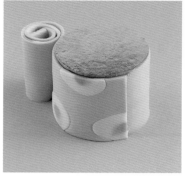  

COBERTURA DE LOS PASTELES

22 Si se quiere utilizar mazapán para hacer una primera cobertura en los pasteles, seguir las instrucciones de la página 36 que explican cómo cubrir un pastel con bordes rectos. A continuación, aplicar la capa de pasta de azúcar tal y como se detalla en los siguientes pasos. Si por el contrario se prefiere omitir el mazapán, dar la vuelta a las pasteles en una base auxiliar y sellar el migajón con una capa de crema de mantequilla para que la pasta de azúcar se adhiera fácilmente.

PISO INFERIOR

23 Para dar un efecto marmoleado a el pastel,

amasar 350g de pasta de azúcar verde oscuro con 300g de verde olivo hasta que los colores se entremezclen. Modelar la pasta en forma de rollo y extender sobre una superficie espolvoreada con azúcar glas, formando un rectángulo de la misma altura que el pastel y lo suficientemente largo como para cubrir toda su circunferencia. Si se prefiere, hacer una plantilla de papel con las medidas del pastel.

24 Para adherir la tira de pasta al pastel, enrollarla por un extremo y ubicar el rollo de pie sobre el lateral del pastel. A continuación, pegar uno de los extremos al lateral y comenzar a desenrollar sobre el contorno mientras se presiona ligeramente con la palma de la mano. Recortar el exceso de pasta de la unión si fuera necesario y pasar un alisador para acomodar la pasta y eliminar

cualquier imperfección. Por último, dar textura con colorante en pasta verde hiedra y la técnica de salpicado tal y como se ha hecho para la base del pastel en el paso número dos.

25 Amasar la pasta marmoleada sobrante hasta que los dos colores se mezclen por completo. Extender la pasta en un rectángulo de 3mm de grosor y cortar una tira de 2cm de ancho. Humedecer la tira con pegamento comestible y pegar alrededor de la base del pastel para crear el efecto de la tapa del regalo. Hacer coincidir los extremos de la tapa con la unión de la cobertura del lateral.

26 Cuando la pasta haya adquirido consistencia, dar la vuelta al pastel con la ayuda de una base fina de cartón.

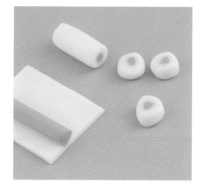

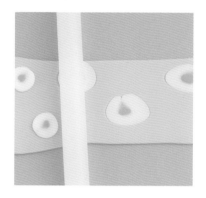

27 Untar la parte superior del pastel con crema de mantequilla. Extender un círculo de pasta de 3mm de grosor más grande que la circunferencia del pastel y colocar sobre la misma. Apoyar cuidadosamente una base auxiliar sobre la pasta de la superficie. Dar vuelta al pastel y recortar el exceso de pasta de los bordes con un cuchillo afilado siguiendo el contorno del pastel como guía.

28 Invertir el pastel nuevamente para dejar que la pasta de la superficie se seque. Ubicar el pastel en su base y fijarlo con glasé real.

29 Para decorar el lateral del pastel, cortar flores de pasta de modelar de color blanco y completar con un círculo de color verde lima en el centro de cada flor. Cortar hojas de pasta de color verde oscuro y pegar

todos los elementos con pegamento comestible creando el diseño a elección.

PISO INTERMEDIO

30 Cubrir el piso intermedio con pasta de azúcar blanca siguiendo los pasos explicados para el piso inferior. Para decorar el lateral extender una capa fina de pasta de modelar rojo amapola y cortar flores con un cortador pequeño de flor de cinco pétalos. Afinar los bordes de los pétalos con la ayuda de un bolillo. Dejar algunas de las flores enteras y recortar algunos pétalos de las otras. Pegarlas en los laterales del pastel con pegamento comestible y completar el diseño con puntos de glasé real negro en el centro de las flores y entre las mismas.

PISO SUPERIOR

31 Para lograr el diseño del lateral, extender 30g de pasta de azúcar blanca, cortar un rectángulo y humedecerlo con pegamento comestible. Por otra parte, modelar un rollito de pasta de color azul hortensia y envolverlo con el rectángulo. Rodar para que los dos colores se unifiquen y cortar rodajas de 5mm de grosor. A continuación, extender una tira de pasta verde olivo de la misma altura que el pastel y lo suficientemente larga para cubrir su circunferencia. Presionar las rodajas sobre la tira de pasta y aplanar con un rodillo para integrar el diseño. Recortar el exceso de pasta para ajustar el tamaño de la tira y cubrir el lateral como se ha explicado anteriormente.

32 Hacer la tapa con pasta de azúcar verde olivo como se ha explicado antes y dejar secar.

MONTAJE

33 Antes de montar los pasteles introducir varillas de plástico en el pastel inferior siguiendo las instrucciones de la página 38. Asegurarse de colocar las varillas dentro del diámetro de la cuña de pastillaje que sostiene el piso intermedio. Pegar la cuña de pastillaje a la superficie del pastel con un toque de glasé real.

34 Ubicar y pegar el piso intermedio a la cuña de pastillaje con glasé real. Insertar una sola varilla en el pastel del medio situándola en el lugar donde se va a colocar la otra cuña de pastillaje. Asegurar el último piso con un toque de glasé real.

TOQUES FINALES

35 Ubicar y pegar los moños en la base del pastel y en el piso del medio con puntos de glasé real de la forma deseada.

36 Para hacer el gorro de Santa Claus, modelar un cono de pasta de modelar de color rojo amapola y plegar. Acto seguido, añadir un rollito de pasta blanca para hacer el borde del gorro y una bola pequeña para el pompón. Pegar en el borde del pastel inferior con pegamento comestible.

CONSEJO

El tamaño de esta pastel permite transportar los tres pisos apilados con facilidad. No obstante, si la inclinación de los pisos dificulta su traslado, transporta los pisos por separado y colócalos en el lugar de presentación final. Otra manera de dar inclinación a las pasteles y evitar el uso de cuñas de pastillaje, es hacer un corte inclinado en la superficie de cada pastel antes de cubrirlos con pasta de azúcar.

MINI CAKES DE NAVIDAD

Estos *mini cakes* son, además de un original regalo de Navidad, una manera de aprovechar las flores, estrellas y lazos que nos han sobrado del proyecto principal. En este caso, he optado por diferentes tonos para cubrir los *mini cakes* y conseguir un esquema cálido de color, aunque también podrás jugar con otras tonalidades y colores a elección.

Pega cada *mini cake* en una base fina de cartón y cúbrelos con pasta de azúcar siguiendo las instrucciones en la página 34. Remata la base con una cinta y pega la decoración elegida con glasé real.

PLANTILLAS

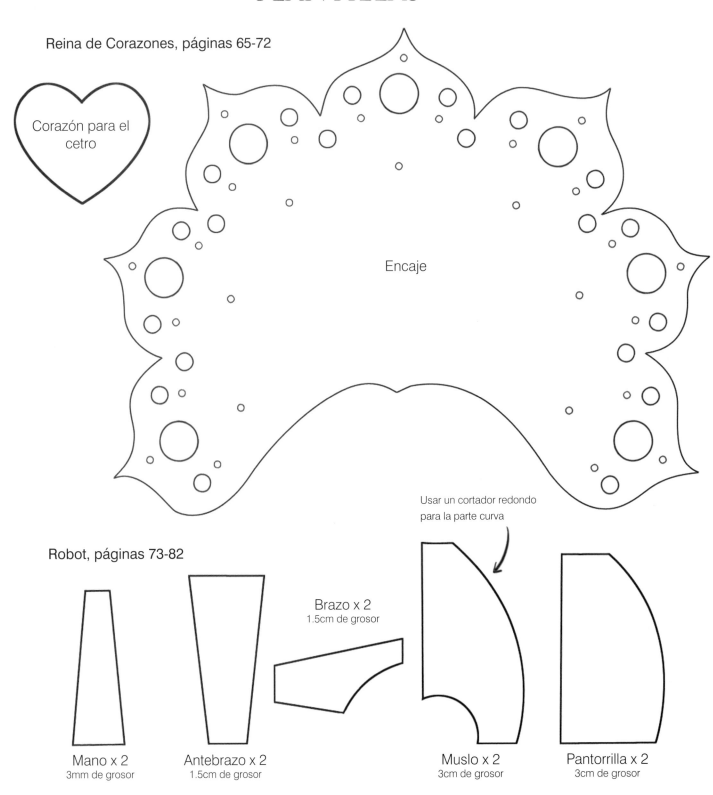

Reina de Corazones, páginas 65-72

Corazón para el cetro

Encaje

Usar un cortador redondo para la parte curva

Robot, páginas 73-82

Brazo x 2
1.5cm de grosor

Mano x 2
3mm de grosor

Antebrazo x 2
1.5cm de grosor

Muslo x 2
3cm de grosor

Pantorrilla x 2
3cm de grosor

Robot, páginas 73-82

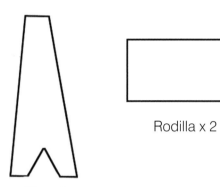

Rodilla x 2

Rodilla x 4
3mm de grosor

Pie x 2
1.5cm de grosor

Caderas x1 5mm de grosor

Flora, el Hada del Bosque,
páginas 83-92

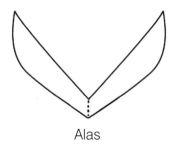

Alas

En busca de comida,
páginas 93-102

Asa de la taza

En busca de comida,
páginas 93-102

Taza de pastillaje
3mm de grosor

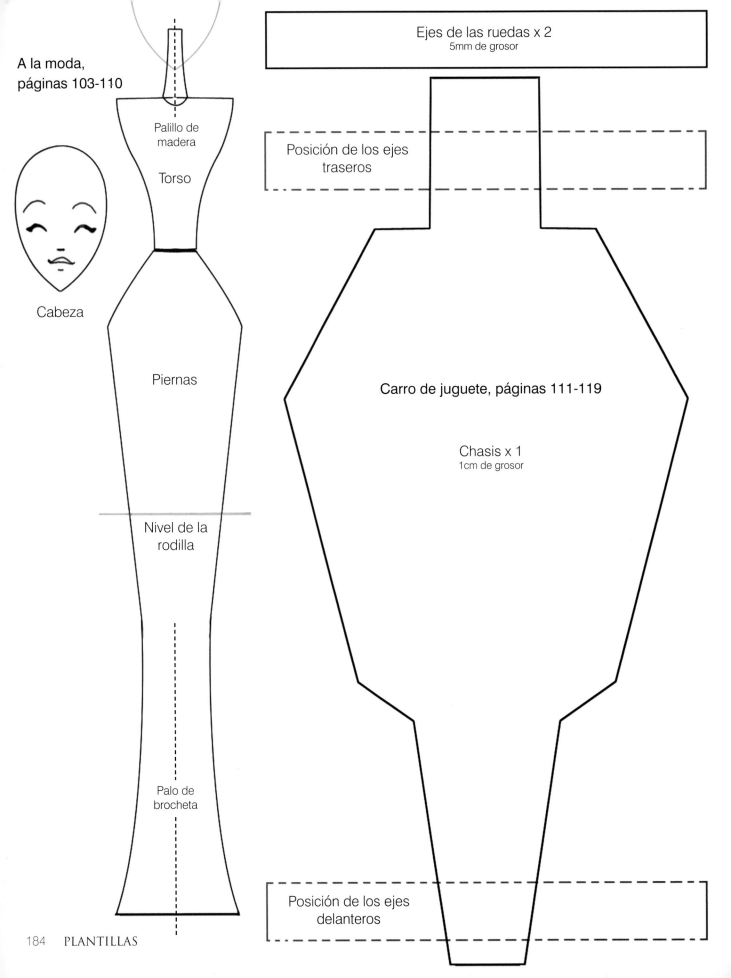

A la moda,
páginas 103-110

Cabeza

Palillo de
madera

Torso

Piernas

Nivel de la
rodilla

Palo de
brocheta

Ejes de las ruedas x 2
5mm de grosor

Posición de los ejes
traseros

Carro de juguete, páginas 111-119

Chasis x 1
1cm de grosor

Posición de los ejes
delanteros

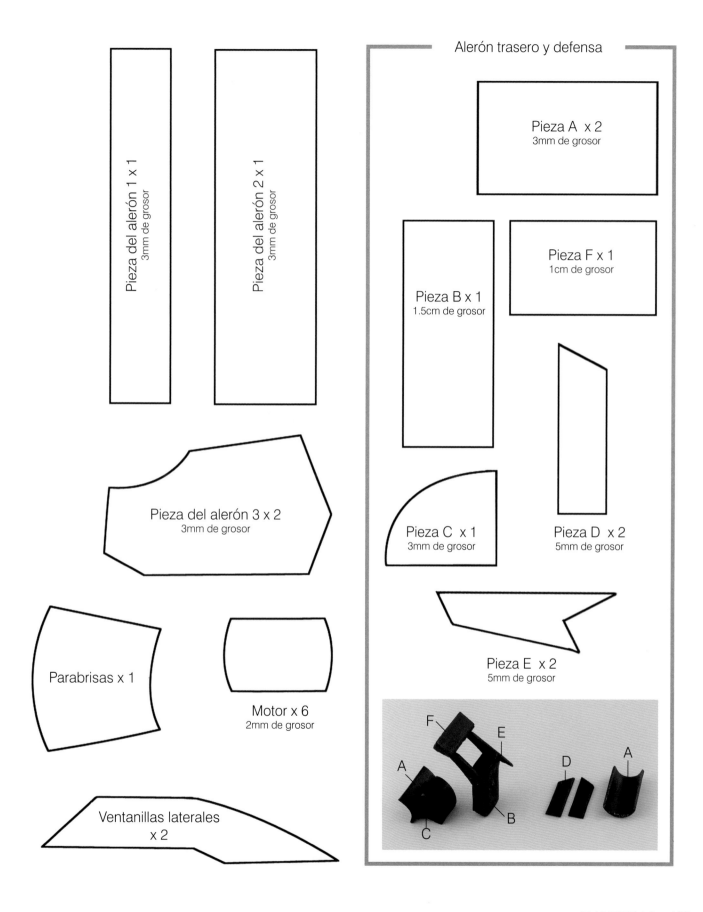

Pieza del alerón 1 x 1
3mm de grosor

Pieza del alerón 2 x 1
3mm de grosor

Alerón trasero y defensa

Pieza A x 2
3mm de grosor

Pieza F x 1
1cm de grosor

Pieza B x 1
1.5cm de grosor

Pieza del alerón 3 x 2
3mm de grosor

Pieza C x 1
3mm de grosor

Pieza D x 2
5mm de grosor

Parabrisas x 1

Motor x 6
2mm de grosor

Pieza E x 2
5mm de grosor

Ventanillas laterales
x 2

A B C D E F

G H I J K L

M N O P Q R

S T U V W X

Y Z

Carro de juguete, páginas 111-119

Letras y números para decorar el carro

1 2 3 4 5 6

7 8 9 0

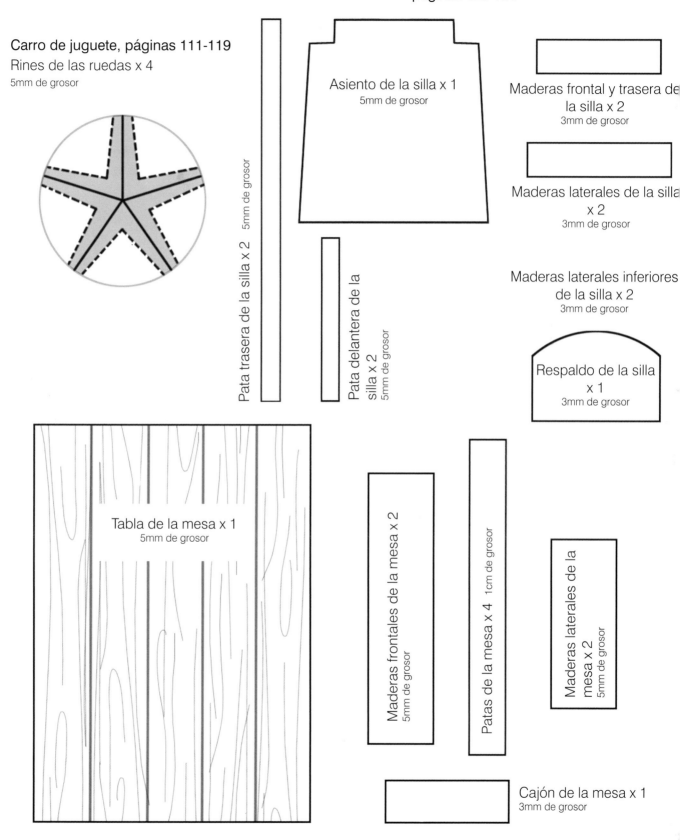

La cocina de la abuela,
páginas 120-134

Carro de juguete, páginas 111-119

Rines de las ruedas x 4

5mm de grosor

Asiento de la silla x 1
5mm de grosor

Maderas frontal y trasera de la silla x 2
3mm de grosor

Maderas laterales de la silla x 2
3mm de grosor

Maderas laterales inferiores de la silla x 2
3mm de grosor

Respaldo de la silla x 1
3mm de grosor

Pata trasera de la silla x 2   5mm de grosor

Pata delantera de la silla x 2   5mm de grosor

Tabla de la mesa x 1
5mm de grosor

Maderas frontales de la mesa x 2   5mm de grosor

Patas de la mesa x 4   1cm de grosor

Maderas laterales de la mesa x 2   5mm de grosor

Cajón de la mesa x 1
3mm de grosor

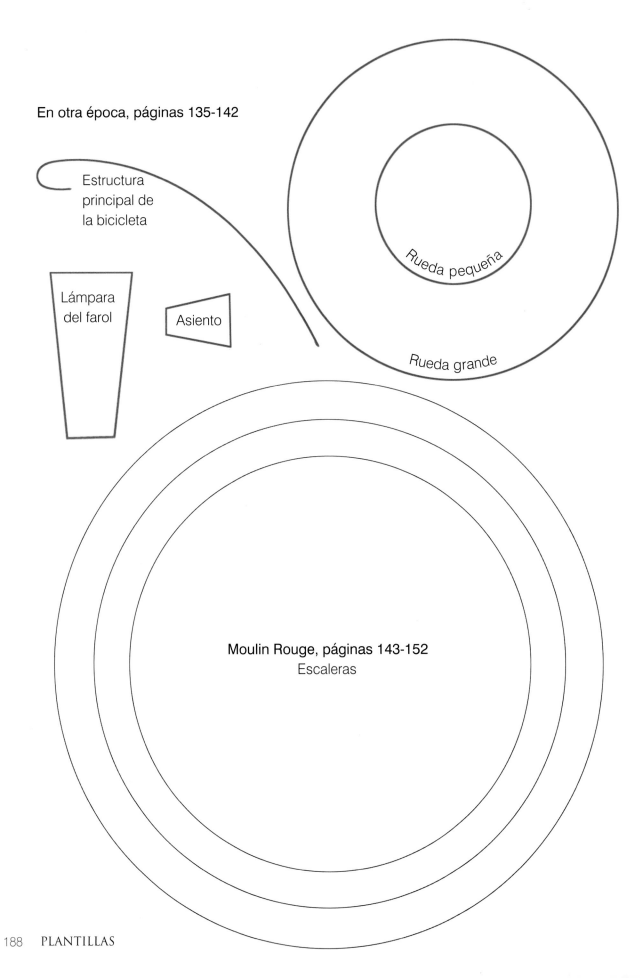

En otra época, páginas 135-142

Estructura principal de la bicicleta

Rueda pequeña

Rueda grande

Lámpara del farol

Asiento

Moulin Rouge, páginas 143-152
Escaleras

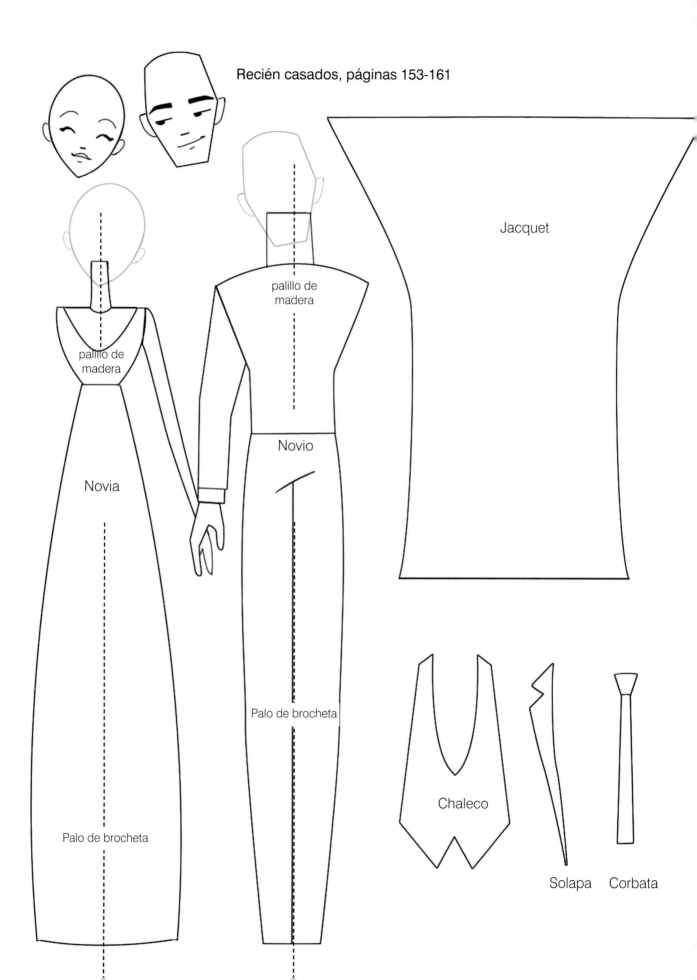

Recién casados, páginas 153-161

Jacquet

palillo de
madera

palillo de
madera

Novio

Novia

Palo de brocheta

Palo de brocheta

Palo de brocheta

Chaleco

Solapa   Corbata

Árboles de Jugando en la
Nieve, páginas 163-170.

Estrella de ¡Santa Claus ya está
en camino!, páginas 171-181.

SQUIRES KITCHEN

Todo lo que necesitas para crear pasteles y dulces increíbles

Con una fascinante historia detrás, el Reino Unido tiene una rica y particular herencia en el uso de azúcar. Squires Kitchen se enorgullece en continuar y perpetuar esta maravillosa herencia en nuestra mundialmente conocida escuela, nuestra amplia gama de productos de alta calidad y nuestras reconocidas publicaciones de confianza.

El Fondant de Squires Kitchen es la elección profesional para una cobertura de pasteles perfecta, y además ha sido el primer fondant del mundo en ser certificado por Comercio Justo del que tengamos conocimiento.

✓ SIN GLUTEN

La gama de productos Designer de Squires Kitchen está elaborada exclusivamente por talentosos artistas de azúcar como Carlos Lischetti, en conjunción con el equipo de artesanos profesionales de Squires Kitchen.

La Pasta Floral de Azúcar, fue la primera pasta floral mezclada patentada en el mercado y desde entonces hasta la fecha, sigue siendo la elección del profesional.

✓ SIN GLUTEN

Los Colorantes Alimentarios Profesionales, en pasta, en líquido o en polvo de Squires Kitchen, han sido creados especialmente para decoradores de pasteles y artesanos de azúcar, son completamente intermezclables, lo que permite conseguir el tono exacto deseado.

✓ SIN GLUTEN

Animación en Azúcar publicado por Boutique de Ideas, es la primera edición que presentamos en Español Americano. Fue inicialmente publicado en lengua inglesa en 2012 por B. Dutton Publishing, una división de Squires Kitchen que desde 1993 publica libros y revistas de alta calidad de mano de los artistas de azúcar más conocidos del mundo.

Descubre más sobre estos y otros productos de **Squires Kitchen** en www.squires-shop.com. Damos la bienvenida a consultas sobre posible distribución de productos.

¡Ven a aprender con nosotros!

La Escuela Internacional de Squires Kitchen se fundó en 1987 con el propósito de compartir el extenso conocimiento de la empresa sobre decoración de pasteles y artesanía del azúcar. Con la ayuda de talentosos profesores y estudiantes apasionados se ha convertido en una reconocida sede internacional para el aprendizaje, y un centro de excelencia que trae a estudiantes de todo el mundo a aprender con Squires Kitchen. Para más información sobre la Escuela Internacional de Squires Kitchen, incluyendo los cursos con Carlos Lischetti y otros reconocidos profesores, visita www.squires-school.co.uk.

GLOSARIO

Alcohol etilico (el que se compra en farmacias) o el que se utiliza para licores.

Azúcar glas: azucar impalpable (la más refinada que se encuentre en el mercado para obtener un glase o pasta de azucar de buena calidad).

Base de unicel: unicel.

Cazo: cacerola pequeña o mediana de fondo grueso.

CMC: carboxi-metil-celulosa, también conocida como tylose. Polvo fino de color blanco amarillento, sin olor, que se emplea para mejorar la viscosidad; aumenta textura, estabiliza y ayuda a los productos a retener la humedad. Utilizado para elaborar pastillaje, cubiertas, mazapán y fondant, entre otros usos.

Colorante en pasta: colorante en gel.

Colorante para chocolate: colorante liposoluble, es decir, constituido sobre una base oleosa o grasa. Distinto a los colorantes vegetales y de repostería, que tienen bases de agua o alcohol.

Congelador: freezer.

Cuenco: bol.

Damasco: albaricoque.

Durazno: melocotón.

Fondant: en repostería es una pasta parecida a la plastilina pero comestible, empleada cómo recubrimiento de ciertas preparaciones como pasteles, magdalenas, etc.

Marshmallow: malvaviscos, nubes.

Mini cake: mini pastel, pastel individual, pastel individual.

Papel de arroz: planchas de hostia.

Pastel: pastel, tarta.

Rodillo: palo de amasar.

Varillas de plástico: las que se uitlizan cuando es necesario apilar un pastel sobre otra. Estas varillas soportan el peso del piso superior.

Varillas planas de distintos espesores: sirven para extender la pasta de forma unifrome del grosor deseado.

Conversión de los calibres de alambres utilizados en el libro

Calibre	Milímetros
33	0.2
30	0.25
28	0.3
26	0.4
24	0.5
22	0.6
20	0.8
18	1